本成果受"北京高校高精尖学科项目（中国语言文学）"支持，特此致谢！

韵律语法研究

Studies in Prosodic Grammar

第五辑
Volume 5

主编　冯胜利　马秋武

北京语言大学出版社
BEIJING LANGUAGE AND CULTURE
UNIVERSITY PRESS

《韵律语法研究》编委会
Editorial Board of *Studies in Prosodic Grammar*

主　编　冯胜利　马秋武
（Chief Editors）

编　委（按姓名音序排列）
（Editorial Board Members）

蔡维天	陈曙东	Downing, Laura
端木三	冯　蒸	黄正德
李智强	沈家煊	施向东
Simpson, Andrew	张　健	赵敏俐
郑礼珊	Zubizarreta, Maria Luisa	

编辑部成员（按姓名音序排列）
（Editors）

黄　梅	刘丽媛	骆健飞
马宝鹏	裴雨来	王　迟
王丽娟	朱赛萍	庄会彬

目　录

韵律语法研究小议 ·· 陆俭明　1

Thoughts on Prosodic Structure ·························· Hirst, Daniel　16
景颇语的"一个半音节"在汉藏语语音研究中的地位 ··········· 戴庆厦　40

韵律与上古汉语称呼语的几个问题 ······························ 施向东　52
普通话动词拷贝句的拷贝机制研究述评 ························· 柳　娜　65

嵌偶单音词与半自由语素 ·· 黄　梅　80
汉语普通话正式体和非正式体的韵律特征对比分析 ········ 冯　卉，胡　丹　103

书评

圆融自洽　后出转精
——《汉语的双音化》述评 ······································ 曹小云　125

材料与观点

从圆文、协句、足句等术语看《五经正义》中的韵律观念 ··········· 苏　婧　135

CONTENTS

Some Notes on Studies in Prosodic Grammar ·················· Lu, Jianming 1

Thoughts on Prosodic Structure ·························· Hirst, Daniel 16

On the Status of Jingpo Sesquisyllable in the Study of
Sino-Tibetan Languages ······························· Dai, Qingxia 40

Prosody and Several Issues on Address Forms in Archaic
Chinese ··· Shi, Xiangdong 52

A Review on the Analyses of the Mechanism of
Mandarin Verb-Copying ··· Liu, Na 65

Qian'ou Monosyllabic Words and Semi-Free Morphemes ············· Huang, Mei 80

The Comparison and Analysis of Prosodic Features in
Chinese Formal and Informal Speech ················· Feng, Hui & Hu, Dan 103

A Review of *The Disyllabification in Chinese* ················· Cao, Xiaoyun 125

A Review of Prosodic Ideas in *Wujing Zhengyi* from the
Terms *Yuanwen*, *Xieju* and *Zuju* ································ Su, Jing 135

韵律语法研究小议

陆俭明

摘　要　冯胜利教授提出的韵律语法理论，国内外已有多位学者撰文肯定与点赞。本文是笔者学习后的一点儿心得：（一）任何语言都有韵律现象，各种语言的韵律都可能会影响、制约语法；当然，影响、制约的具体情况肯定各不相同。（二）在汉语里，句法成分长度会制约句法，而长度问题实质是韵律问题，是韵律控制句法的语言现象。（三）语言是复杂的，是一个复杂的适应系统，有些看似韵律语法现象，其中可能还会蕴含着别的制约因素。本文最后指出，在运用某种有价值的语法理论时不能简单搬用，必须从多方面思考，这样才真正有利于研究的深化。以上观点均以具体实例加以说明。

关键词　韵律　韵律语法　韵律语法理论　句法成分长度　语言的复杂性

在现代汉语语法研究中，前辈学者的论著早就注意到音节的单双、轻声对句法的影响与制约，注意到节律与词法、句法的关系。最早提及此问题的是郭绍虞先生的《中国语词之弹性作用》（1938）。吕叔湘先生在20世纪60年代连续发表《现代汉语单双音节问题初探》（1963）、《形容词使用情况的一个考察》（1965）和《单音形容词用法研究——〈普通话三千常用词表〉（初稿）里140个单音形容词的分析》（1966）三篇文章，详细考察分析了单音节词与双音节词，特别是单音节形容词与双音节形容词在分布和具体用法上的差异。朱德熙先生在《现代汉语形容词研究》(1956)和《现代书面汉语里的虚化动词和名动词》(1985)中也分析说明了单音节形容词/名词/动词和双音节形容词/名词/动词在分布和具体用法上的差异。林焘先生的《现代汉语补足语里的轻音现象所反映出来的语法和语义问题》(1957)和《现代汉语轻音和句法结构的关系》(1962)就详细描写、分析了现代汉语里轻声对句法、语义的影响与制约。赵元任先生在 Rhythm and Structure in Chinese Word Conceptions (1975) 一文中也指出,"汉人对音节的数目特别敏感"。陆俭明、马真在《虚词研究浅论》(1985) 一文中从八个方面论述了"怎样考察虚词的用法"的问题,其中第(三)、(四)方面就是"音节"(单双)和"轻重音"。张斌先生在《汉语语法学》(1998:1~2)的序文中指出,"汉语的节律与结构的关系十分密切,这也正是汉语语法的特点";而在谈到现代汉语语法的特点时,就将"词语结构常常受单双音节的影响"作为第三个特点。

　　但是,在现代汉语语法研究中明确地提出"韵律语法"这一新概念,并提出一套完整的汉语韵律语法理论的,那是冯胜利教授。他从1996年在《语言研究》第1期上发表《论汉语的韵律结构及其对句法构造的制约》开始,不断发表、出版有关韵律语法的中英文论文、著作,达40多篇/部[①] (1997, 1998, 2000a, 2000b, 2000c, 2001, 2002, 2005, 2007, 2008, 2009, 2011, 2013, 2015, 2016a, 2018, 等等),表现出高度的理论自觉性。他坚定地立足于韵律对句法的制约,发现并搜集了大量古今汉语词法和句法中受到韵律制约的语言学现象。研究中,他非常注重吸收我国传统文字学、音韵学、训诂学中的精华,在借鉴国外语言学前沿理论的基础上,勇于创造以汉语韵律结构及普世语法为基础的韵律语法理论,既让汉语韵律句法研究得以走向世界前沿,又推动了国际韵律语法理论的创新与发展。正因为如此,我们注意到,国内外对韵律语法理论都给予了很高的评价。国内已有多位学者撰文表示肯定与认同,如:李大勤等(2001)、潘文国等(2004)、袁毓林(2003)、王洪君(2008)、沈家煊(2011)、陆俭明(2019)。法国著名汉学家贝罗贝先生对冯胜利的《汉语历时句法学论稿》(2016b)给予了极高的评价,认为"这是一部真正意义上的、独树一帜的理论研究作品"。冯胜利的韵律语法研究在汉语研究中无疑是独树一帜的创新研究成果,为汉语语

---

① 本文只列冯胜利的主要论著。

法研究开拓了一个新的研究领域。到目前为止，他的"韵律词"概念、"韵律参数说"、"韵律形态说"、"语调—句末语气词变体说"、"韵律导致汉语双音化说"、"合成词必先是一个韵律词"、"韵律—句法层级对应模式"、"四言诗律与六言文律的对立"、"韵律语体语法"以及他关于"北京话是一个重音语言"等观点，为汉语乃至其他语言的研究提供了发现问题与解决问题的新视角、新方法。

我对汉语韵律语法理论及其有关的研究，只是关注，自己没有研究，这里只说些心得。具体说三点：

第一点，任何语言都有韵律现象，各种语言的韵律都可能会影响、制约语法。当然，影响、制约的具体情况肯定各不相同。譬如英语，停顿会成为影响、制约语法的一个韵律因素。请看：

（1）His elder brother who is a soldier is eighteen years old now.

（2）His elder brother, who is a soldier, is eighteen years old now.

这两个句子包含的词完全一样，但表示的意思不一样。例（1）的译文是"他当兵的哥哥今年十八岁了"，一般会暗含着"'他'并不是只有这一个哥哥"的意思。例（2）的译文则是"他哥哥在当兵，今年十八岁了"，一般会暗含着"'他'就只有这个哥哥"的意思。二者在表达上之所以会有区别，从表面上看其原因是：例（1）作为主语的定语从句"who is a soldier"前后没有停顿（即没有用逗号），而例（2）则有停顿（即用了逗号）。那么为什么定语从句前后有无停顿会造成表达上的差异呢？从语法上来说，没有停顿（即不用逗号），那定语从句是个限制性定语，限制性定语都具有分类性，所以句子会暗含着"他"并不是只有一个哥哥的意思；如果有停顿（即用了逗号），那定语从句就成为非限制性定语，而非限制性定语具有描写性，不能起分类的作用，所以句子会暗含着"他"只有这个哥哥的意思。这是不是韵律语法现象？按传统的语法分析，例（1）、（2）里的who is a soldier 都被视为主语的定语从句。按照韵律语法的观念，例（1）、（2）里的who is a soldier 是否还会一视同仁地分析为相同性质的"主语的定语从句"需要进一步考虑。

在现代汉语中，停顿也会影响句法。譬如现代汉语语法里有一个经典例子：

（3）咬死了猎人的狗。

这是一个有歧义的句法结构。在现代汉语语法教学中，常常拿这个例子来说明句法构造有层次性——不同的层次构造导致这个句法结构会表示不同的意思：

(4) a.（老虎/狮子）把猎人的狗咬死了；
    b. 狗把猎人咬死了。

按照（4）a的意思，例（3）的内部层次构造是：

(3) 咬死了　　猎人的　　狗
　　　1　　　　2　　　　　1—2　述宾关系
　　　　3　　　4　　　　　3—4　"定—中"偏正关系

按照（4）b的意思，例（3）的内部层次构造是：

(3) 咬死了　　猎人的　　狗
　　　　1　　　　　2　　　1—2　"定—中"偏正关系
　　　3　　　4　　　　　　3—4　述宾关系

其实，"咬死了猎人的狗"只是书面上的歧义结构，在口语里则并不是歧义结构，因为正是停顿将述宾和偏正分得清清楚楚。这也正说明，在现代汉语里，停顿也是影响、制约句法的一个韵律因素，韵律单位的边界影响句法成分的结构与解读。

不过，就汉语来说，大量的或者说主要的，是音节的单双或奇偶以及轻重音对语法的影响与制约。

第二点，在古代汉语中，"'以'+介词宾语"和"动词+宾语"这两种结构同时在一个句子内出现的话，可以有两种句法格式：

甲、"'以'+介词宾语+动词+宾语"（如"以羊易之"）。例如：

(5) 王坐于堂上，有牵牛而过堂下者，王见之曰："牛何之？"对曰："将以衅钟。"王曰："舍之！吾不忍其觳觫，若无罪而就死地。"对曰："然则废衅钟与？"曰："何可废也？以羊易之。"（《孟子·梁惠王》"齐桓晋文之事"）

乙、"动词+宾语+'以'+介词宾语"（如"易之以羊"）。例如：

(6) 我非爱其财而易之以羊也。（《孟子·梁惠王》"齐桓晋文之事"）

《马氏文通读本》在谈及这两种句法格式时，说了下面两段话：

转词介以"以"字置于止词之后者，盖止词概为代字，而转词又皆长于止词，句意未绝耳。（引自吕叔湘、王海棻，1986：257）

"以"字司词概先动字，其有后乎动字者，则司词长，不则语意未绝也。（引自吕叔湘、王海棻，1986：436）

这是说句法成分的长度会影响句子内部的词序，即会影响句法。这种现象现代汉语里也存在，陆俭明曾撰文《试议句法成分长度问题》(2017)对现代汉语中"受句法成分长度制约的六种语言现象"进行了描写说明。这里不妨举个例子。①现代汉语里有这样两种句法格式："去+VP"和"VP+去"。例如：

（7）去上课～上课去　　去听报告～听报告去

　　去打球～打球去　　去看电影～看电影去

　　去买菜～买菜去　　去看京戏～看京戏去

这两种句法格式有同有异。内部语义结构关系有相同之处——"去"都表示动作者（即施事）位移，VP都表示动作者位移之后要做的事，而位移和做事之间存在着目的关系，即动作者位移的目的就是为了要做VP表示的那件事情。但在表达上有区别："去"在前，意在表示要做什么事情；"去"在后，意在表示要马上离去。例如：

（8）现在我们分一下工：王雅芬，你去找几个人布置会场；孙晓丽，你去买些饮料、水果什么的；我去……

（9）走，打球去！|快！上课去！

例（8）是分派任务，明显的是表示要做什么事，所以例（8）采用"去+VP"的格式，而不宜采用"VP+去"的格式，不宜说成：

（10）? 现在我们分一下工：王雅芬，你找几个人布置会场去；孙晓丽，你买些饮料、水果什么的去；我……去。

反之，例（9）句首有"走""快"这一类催人离去意思的词语，所以例（9）就采用"VP+去"格式，而不宜采用"去+VP"的格式，不宜说成：

（11）? 走，去打球！|快！去上课！

值得注意的是，"VP+去"这一句法格式，VP部分要受长度限制。请看：

（12）我看电影去。

（13）我看个新电影去。

（14）我看个法国电影去。

（15）*我看一个由张艺谋导演的、由巩俐主演的反映农村生活的《秋菊打官司》去。（标有"*"的例子表示不说，下同）

例（12）～（14）的VP部分比较短，可以说；但例（15）的VP部分太长，

---

① 遵照编辑部的意见，为便于读者了解句法成分长度问题，原文的相关例子摘录于文后，作为附录，谨供参考。

就不被接受,得采用"去+VP"的格式。但是"去+VP"意在表示要做什么事情,不表示离去之意。那么如果需要表示"离去"之意,怎么办呢?为弥补这一缺憾,就在后面再加一个"去",说成:

(16) 我去看一个由张艺谋导演的、由巩俐主演的反映农村生活的《秋菊打官司》去。

对于上述现象,先前只是从词序的角度做出解释,认为"句法成分长度会制约句法";现在应按冯胜利教授的"韵律语法观"做进一步解释,即从韵律语法的视角做出新的解释:"长度问题实质是韵律问题",因此这实际上是"韵律控制句法"的语言现象。(冯胜利,2016a)

第三点,语言是复杂的,用王士元先生的话来说,"语言是一个复杂适应系统"(王士元,2006)。有些看似是韵律语法现象,其中可能还会蕴含着别的制约因素。请看下面一组例子:

(17) a. *他们年年种植树,但成活率却只有百分之十。

b. *他们年年种树木,但成活率却只有百分之十。

c. 他们年年种树,但成活率却只有百分之十。

d. 他们年年植树,但成活率却只有百分之十。

e. 他们年年种植树木,但成活率却只有百分之十。

为什么例(17)c、(17)d、(17)e三句能说,例(17)a和(17)b两句却不能说?似乎可以从韵律的角度去解释。但是,其中有个现象值得注意,"*种树木"之所以不能说(得说成"种植树木"),可能是由其他因素造成的,我们不能从"*种树木"这种不能说的实例得出结论:"'单音节+双音节'的动宾结构受限"。因为事实上"单音节+双音节"的动宾结构多得是,如"买汽车、喝啤酒、看小说"等。那么为什么"*种树木"不能说呢?这可能不是受韵律的制约,而是受语义或更具体地说是语体的制约。经分析,"树木"是集合名词,一般用于正式语体,而单音节的"种"是口语体。据初步考察,凡双音节集合名词似都不能出现在"单音节口语体动词"后面,就是说"单音节+双音节"动宾结构的宾语位置对"语体和谐"很敏感。请比较:

(18) 买汽车　　购买汽车　　*买车辆　　购买车辆

　　 种桃树　　种植桃树　　*种树木　　种植树木

　　 卖手枪　　贩卖手枪　　*卖枪支　　贩卖枪支

造轮船	制造轮船	*造船只	制造船只
读闲书	阅读闲书	*读书籍	阅读书籍
收废纸	收购废纸	*收纸张	收购纸张
寄平信	收发平信	*寄信件	收发信件

显然，上面所举的标有星号（"*"）的"单音节+双音节"动宾结构之所以不合格、不能说，主要不是韵律因素造成的，而是语义或语体的因素造成的。那些不合格的"单音节+双音节"动宾结构，其宾语都是集合名词。这个实例告诉我们，语言是极为复杂的，在运用某种有价值的语法理论时不能简单搬用，必须从多方面思考，这样才真正有利于研究的深化。

参考文献

邓　丹，石　锋，冯胜利.2008.韵律制约句法的实验研究——以动补带宾句为例.*Journal of Chinese Linguistics*，36（2）：195-210.
冯胜利.1996.论汉语的韵律结构及其对句法构造的制约.语言研究，（1）：108-122.
冯胜利.1997.汉语的韵律、词法与句法.北京：北京大学出版社.
冯胜利.1998.论汉语的"自然音步".中国语文，（1）：40-47.
冯胜利.2000a.汉语韵律句法学引论（上）.学术界，（1）：110-123.
冯胜利.2000b.汉语韵律句法学引论（下）.学术界，（2）：94-117.
冯胜利.2000c.汉语韵律句法学.上海：上海教育出版社.
冯胜利.2002.韵律构词与韵律句法之间的交互作用.中国语文，（6）：515-524.
冯胜利.2005.汉语韵律语法研究.北京：北京大学出版社.
冯胜利.2007.韵律语法理论与汉语研究.语言科学，（2）：48-59.
冯胜利.2009.汉语的韵律、词法与句法（修订本）.北京：北京大学出版社.
冯胜利.2011.韵律句法学研究的历程与进展.世界汉语教学，（1）：13-31.
冯胜利.2013.汉语韵律句法学（增订本）.北京：商务印书馆.
冯胜利.2015.声调、语调与汉语的句末语气.语言学论丛（第五十一辑）.北京：商务印书馆.
冯胜利.2016a.汉语韵律语法问答.北京：北京语言大学出版社.
冯胜利.2016b.汉语历时句法学论稿.上海：上海教育出版社.
冯胜利.2018.理论语法的教学转换——以韵律语法为例.国际汉语教学研究，（1）：22-35.
郭绍虞.1938.中国语词之弹性作用.燕京学报，（24）：1-34.
李大勤，王仁法，江　火.2001.近年来我国语法理论研究概述.语言学及应用语言学研究，（1）：208-212.
林　焘.1957.现代汉语补足语里的轻音现象所反映出来的语法和语义问题.北京大学学报（哲学社会科学版），（2）：63-76.
林　焘.1962.现代汉语轻音和句法结构的关系.中国语文，（7）：301.
陆俭明.2017.试议句法成分长度问题.语言教学与研究，（4）：59-66.
陆俭明.2019.近百年来现代汉语语法研究评说.东北师大学报（哲学社会科学版），（6）：1-14.

陆俭明，马　真. 1985. 虚词研究浅论 // 陆俭明，马真. 现代汉语虚词散论. 北京：北京大学出版社.
吕叔湘. 1963. 现代汉语单双音节问题初探. 中国语文，（1）：10-23.
吕叔湘（吴之翰）. 1965. 形容词使用情况的一个考察. 中国语文，（6）：419-431.
吕叔湘（吴之翰）. 1966. 单音形容词用法研究——《普通话三千常用词表》（初稿）里 140 个单音形容词的分析. 中国语文，（2）：119-128.
吕叔湘，王海棻. 1986. 马氏文通读本. 上海：上海教育出版社.
潘文国，叶步青，韩　洋. 2004. 汉语的构词法研究. 上海：华东师范大学出版社.
沈家煊. 2011. 语法六讲. 北京：商务印书馆.
沈家煊. 2017. 汉语"大语法"包括韵律. 世界汉语教学，（1）：5-21.
王洪君. 2008. 汉语非线性音系学（增订版）. 北京：北京大学出版社.
王士元. 2006. 语言是一个复杂适应系统. 清华大学学报（哲学社会科学版），（6）：5-13.
袁毓林. 2003. 走向多层面互动的汉语研究. 语言科学，（6）：53-72.
张　斌. 1998. 汉语语法学. 上海：上海教育出版社.
朱德熙. 1956. 现代汉语形容词研究. 语言研究，（1）：83-111.
朱德熙. 1985. 现代书面汉语里的虚化动词和名动词. 北京大学学报（哲学社会科学版），（5）：1-6.
Chao, Yuen Ren（赵元任）. 1975. Rhythm and structure in Chinese word conceptions. *Journal of Archeology and Anthropology* Vols. 37 & 8:1-15.（汉语词的概念及其结构和节奏. 王洪君，译 // 赵元任. 赵元任语言学论文集. 北京：商务印书馆，2002.）
Feng, Shengli. 2001. Prosodically constrained bare-verb in Ba Constructions. *Journal of Chinese Linguistics*, 9:243-280.

附录：韵律制约句法成分长度示例

（摘自《试议句法成分长度问题》，该文载于《语言教学与研究》2017 年第 4 期，略有改动。）

一、什么是长度

（一）音节量

1. 单双音节形容词

朱德熙（1961）在论述单双音节形容词的差异时指出：(a)"单音节形容词 +de"一定而且只能是名词性的；"双音节形容词 +de"可以是名词性的，但有相当大一部分同时兼有副词性（如：认真地学习）。(b) 单音节形容词重叠式，有的是副词性的，如"高高 | 轻轻"等，有的是"非词"，即不能成为词，如"扁扁 | 方方"等，带上 de，"高高 de | 轻轻 de"和"扁扁 de | 方方 de"，都成为状态形容词性的；而双音节形容词的重叠式，如"认认真真 | 大大方方 | 漂漂亮亮"等，全部是状态形容词性的，带上 de 之后，"认认真真 de | 大大方方 de | 漂漂亮亮 de"等

仍旧是状态形容词性的。吕叔湘（1965）也明确指出，形容词修饰名词，"单音形容词修饰单音名词为多"，"双音形容词修饰双音名词为多"，而且"单音形容词不带 de 为多，带 de 是例外"，"双音形容词带 de 为多，但是不带 de 的也常见"。形容词修饰动词，"单音形容词带 de 修饰动词的例子材料里没有出现。双音形容词修饰动词，带 de 不带 de 的都有，数量没有明显的差别"。

2. 单双音节名词

在日常生活中说到花卉、地名等，那花儿名、那地名是单音节还是双音节的，所呈现的情况是不同的——名儿是双音节的可径直用来指称那花儿或地方，名儿是单音节的则不行。例如：

（1）a. 我送她一枝玫瑰花。→我送她一枝玫瑰。【双音节】

　　　b. 她采了一把菊花。→*她采了一把菊。【单音节】

　　　c. 我去过吴江县。→我去过吴江。【双音节】

　　　d. 我去过吴县。→*我去过吴。【单音节】

3. 形式动词所带宾语，其宾语中心必须是双音节词

（2）a. 金融问题你还需进行学习（*进行学）|进行物质奖励（*进行物质奖）

　　　b. 这些情况需进一步加以调查（*加以查）|加以认真修改（*加以认真改）

（二）复杂度

1. 副词

"白"和"白白"意思一样，但在用法上有区别："白"所修饰的成分可以是简单的也可以是复杂的，前者如"你不能白吃""我不能白干"，后者如"他白吃了我一顿饭""我白干了一天"；"白白"所修饰的成分只能是复杂的，不能是简单的，如只有"他白白吃了一顿""我白白干了一天"的说法，没有"*他白白吃""*我白白干"的说法。（马真、陆俭明，1985）

2. 补语

汉语里带结果补语的述补结构有两个特点：一是直接黏连不带"得"；二是那补语成分一定是简单的。据此可以断定："解释很清楚"不可能是带结果补语的述补结构，只能分析为主谓结构，因为"很清楚"是复杂的。（陆俭明、马真，2016）

二、句法成分长度问题

【现象一】"去+VP"（去上课）和"VP+去"（上课去）

在现代汉语里同时存在着内部语义结构关系相同的"去+VP"和"VP+去"两种格式：

（3）a.（你）问问去。～（你）去问问。

　　b.（我）买衣服去。～（我）去买衣服。

但是，当 VP 为述宾结构 VO 时，如采用"VP+去"格式，其宾语长度要受到限制；如采用"去+VP"格式，其宾语长度不受限制。例如：

（4）a. 看电影去。～去看电影。

　　b. 看印度电影去。～去看印度电影。

　　c. 看个新电影去。～去看个新电影。

　　d.？看个刚上映的电影去。～去看个刚上映的电影。

　　e.*看一个由张艺谋导演的、由巩俐主演的反映农村生活的电影去。

　　　～去看一个由张艺谋导演的、由巩俐主演的反映农村生活的电影。

如果采用"去+VO+去"格式，宾语长度也就不受限制。例如：

（5）a. 去看电影去。

　　b. 去看印度电影去。

　　c. 去看个新电影去。

　　d. 去看个刚上映的电影去。

　　e. 去看一个由张艺谋导演的、由巩俐主演的反映农村生活的电影去。

上面说"去+VO"格式里的宾语成分 O 在长度上不受限制，但是情况并不那么简单，在对比复句中有时会受限制，其中也有些规律。请看：

（6）a. 他去看京戏，我去看电影。

　　b. 他去看京戏，我去看中国电影。

　　c.？他去看京戏，我去看新上映的中国电影。

　　d.*他去看京戏，我去看反映农村题材的新上映的中国电影。

　　e.*他去看京戏，我去看张艺谋导演的反映农村题材的新上映的中国电影。

　　f.*他去看京戏，我去看张艺谋导演的、由巩俐主演的反映农村题材的新上映的中国电影。

（7）a. 他去看新上映的中国电影，我去看于魁智、李胜素演的《坐宫》。

　　b. 他去看张艺谋导演的反映农村题材的新上映的中国电影，我去看京戏。

【现象二】表"处置"义的"施—受—动"主谓谓语句和"把"字句

(8) 姐姐衣服洗干净了。

(9) a. 姐姐[处置者]衣服[处置对象]洗干净了。

　　b.？姐姐[处置者]很脏的衣服[处置对象]都洗干净了。

　　c.*姐姐[处置者]全是油腻脏得不像话的衣服[处置对象]都洗干净了。

(9') a. 姐姐[处置者]把衣服[处置对象]都洗干净了。

　　b. 姐姐[处置者]把脏得不像话的衣服[处置对象]都洗干净了。

　　c. 姐姐[处置者]把全是油腻脏得不像话的衣服[处置对象]都洗干净了。

(10) a. 弟弟[处置者]杯子[处置对象]打破了。

　　b.？弟弟[处置者]那新买的杯子[处置对象]打破了。

　　c.*弟弟[处置者]那两个很漂亮的喝咖啡用的杯子[处置对象]打破了。

(10') a. 弟弟[处置者]把新买的杯子[处置对象]打破了。

　　b. 弟弟[处置者]把那很漂亮的杯子[处置对象]打破了。

　　c. 弟弟[处置者]把那两个很漂亮的喝咖啡用的杯子[处置对象]打破了。

(11) 新买的杯子弟弟打破了。

(12) 练习我做完了。

(13) 那英汉词典王老师拿到教研室去了。

(14) 你要的材料我已经准备好了。

(15) a. 新买的杯子[处置对象]弟弟[处置者]打破了。

　　b.？新买的杯子[处置对象]小王的弟弟[处置者]打破了。

　　c.*新买的杯子[处置对象]小王女朋友的弟弟[处置者]打破了。

(15') a. 新买的杯子[处置对象]给/被小王的弟弟[处置者]打破了。

　　b. 新买的杯子[处置对象]给/被小王女朋友的弟弟[处置者]打破了。

【现象三】工具宾语有长度限制

(16) a. 我习惯吃大碗。～我就吃大碗吧。

　　b.？我习惯吃那种大碗。～？我就吃那大碗吧。

　　c.*我习惯吃那种瓷的大碗。～*我就吃那新的大碗吧。

　　d.*我习惯吃你们家的大碗。～*我就吃那个新买的大碗吧。

(17) a. 这个箱子，你捆绳子吧。

　　b. 这个箱子捆尼龙绳。

c. ? 这个箱子捆那条尼龙绳。

d. * 这个箱子捆那条尼龙红绳子。

e. * 这个箱子捆我昨天买的尼龙绳。

【现象四】 关于"是+NP_1+V+ 的 +NP_2"和"NP_1+ 是 +V+ 的 +NP_2"

A 式:"是+NP_1+V+ 的 +NP_2"

(18) 是瓦特发明的蒸汽机。

(19)(上个月)是我去的广州。

B 式:"NP_1+ 是 +V+ 的 +NP_2"

(20) 瓦特是发明的蒸汽机。

(21)(上个月)我是去的广州。

(22) a. 我记得当时是张萍写的信。

b. ? 我记得当时是张萍写的那封信。

c. * 我记得当时是张萍写的给魏校长的信。

d. * 我记得当时是张萍写的给魏校长的那封信。

e. * 我记得当时是张萍写的给魏校长反映学校卫生情况的那封信。

(23) a. 我记得当时张萍是写的信。(言下之意不是写的别的什么。下同)

b. 我记得当时张萍是写的那封信。

c. 我记得当时张萍是写的给魏校长的信。

d. 我记得当时张萍是写的给魏校长的那封信。

e. 我记得当时张萍是写的给魏校长反映学校卫生情况的那封信。

如果删去"是","NP_1+V+ 的 +NP_2"既可以理解为 A 式,也可以理解为 B 式,但据初步调查,优先理解为 A 式。所以在没有"是"的情况下,要受"长度"制约。请看:

(24) a. 我记得当时张萍写的信。

b. ? 我记得当时张萍写的那封信。

c. * 我记得当时张萍写的给魏校长的信。

d. * 我记得当时张萍写的给魏校长的那封信。

e. * 我记得当时张萍写的给魏校长反映学校卫生情况的那封信。

【现象五】 VO 作为背景信息的话,其宾语 O 要受到长度限制

(25) 小王明天骑自行车去天津。

(25') a. 小王明天骑自行车去天津。

b. 小王明天骑28永久自行车去天津。

c.？小王明天骑上海生产的28永久自行车去天津。

d.＊小王明天骑舅舅刚买了送给他的上海自行车厂生产的28永久自行车去天津。

(26) 小王明天去天津骑自行车。

(26') a. 小王明天去天津骑自行车。

b. 小王明天去天津骑28永久自行车。

c. 小王明天去天津骑上海生产的28永久自行车。

d. 小王明天去天津骑舅舅刚买了送给他的上海自行车厂生产的28永久自行车。

(27) a. 我吃食堂。

b.＊我吃勺园7号楼食堂。

(27') a. 勺园2号楼食堂的饭不好吃，我现在吃勺园7号楼食堂了。

b. 以前我偶尔在勺园7号楼食堂吃，我现在几乎每餐都吃勺园7号楼食堂。

【现象六】 烟台话里"的个"在使用上要受长度限制（刘探宙，2015）

(28) a. 徐福记的点心可好吃了！

b. 徐福记个点心可好吃了！

c. 徐福记的个点心可好吃了！

(29) a. 俺妹的鞋你猜花多少钱？

b. 俺妹个鞋你猜花多少钱？

c. 俺妹的个鞋你猜花多少钱？

(30) a. 俺妹的高筒儿羊皮靴你猜花多少钱？

b. 俺妹个高筒儿羊皮靴你猜花多少钱？

c.？？？俺妹的个高筒儿羊皮靴你猜花多少钱？

Some Notes on Studies in Prosodic Grammar

Lu, Jianming

Center for Chinese Linguistics/Department of Chinese Language and Literature,

Peking University

Abstract: Prosodic Grammar, initiated by Prof. Feng Shengli, is a novel theory with its firm belief on the constraint of prosody on syntactic structures. It has led the studies of Chinese linguistics towards the frontiers of general linguistics on the one hand and promoted the development of prosodic studies worldwide on the other hand. Recently, this theory has been widely recognized and highly commended in linguistic circle both at home and abroad. This paper prompts some speculations of the author on the theory of Prosodic Grammar and also on the studies of language from prosodic perspective.

Firstly, it is a common phenomenon for prosody to exert its influence or constraint on syntactic structure in world languages. Of course, the influence or constraint may vary in different languages. For example, the pause may be a factor which influences the interpretation of sentences in English, as shown below:

(1) a. His elder brother who is a soldier is eighteen years old now.

b. His elder brother, who is a soldier, is eighteen years old now.

These two sentences are string-identical, but with different interpretations. (1) a is a sentence with no pause, meaning "his elder brother is a soldier and eighteen years old now". It implies that he does not has only one elder brother. (1) b, however, is a sentence with pauses before and after "who is a soldier". It implies that he has only one elder brother. It follows that each prosodic pattern correlates with one interpretation. The traditional linguistics may be faced with difficulties in explaining the difference since the constituent "who is a soldier" is treated as an attributive clause. It is believed that this is an issue in studies of Prosodic Grammar and that the correspondence between the prosodic pattern and the interpretation should be dealt with.

Secondly, the syllabic length of constituents may show a constraint on its syntactic distribution in sentences. This is particularly true of Chinese in which syntax is constrained by the syllabic length. For example, the VP in the construction "VP + *qu* (go)" can never be the one with quite long syllabic length, as shown below:

(2) a. 我看电影去。

    wo kan dianying qu

    I see movie go

    "I will go to see the movie."

  b. 我看个新电影去。

    wo kan ge xin dianying qu

    I see CL new movie go

    "I will go to see a new movie."

c. *我看一个由张艺谋导演的、由巩俐主演的反映农村生活的《秋菊打官司》去。

*wo kan yige you Zhang Yimou daoyan de you Gong Li zhuyan de
 I see one-CL by Zhang Yimou direct *part* by Gong Li act   *part*
 fanying nongcun shenghuo de Qiuju Da Guansi qu
  reflect countryside life *part* Qiuju go-to court go

"I will go to see a movie called *Qiuju Da Guansi*, which is directed by Zhang Yimou, acted by Gong Li and shows us the life in the countryside."

It follows that the VP in this construction can never contain too many syllables. Previously, it was proposed that the VP can never be of great complexity, which is hardly justifiable since no syntactic rules tell us that. As a matter of fact, this is an issue of Prosodic Grammar because the syllabic length is a prosodic issue per se. Therefore, this is in fact a phenomenon indicating the prosodically-constrained syntax (Feng, 2016).

Thirdly, language is a complex adaptive system (Wang, 2016). We have to be cautious to conclude whether an issue constitutes one of prosodic syntaxes or not. For example,

(3) a. 买汽车　　　　b. 购买汽车　　　c. *买车辆　　　　d. 购买车辆
    mai qiche   *goumai qiche*   **mai cheliang*   *goumai cheliang*
    buy car   buy   car   buy car   buy   car
    "to buy a car" "to buy a car"   "to buy a car"   "to buy a car"

(4) a. 种桃树　　　　b. 种植桃树　　　c. *种树木　　　　d. 种植树木
    zhong taoshu *zhongzhi taoshu* *zhong shumu*   *zhongzhi shumu*
    plant peach tree plant peach tree plant tree   plant tree
    "to plant peach trees" "to plant peach trees" "to plant trees" "to plant trees"

We can never say the VO structure with a syllabic pattern "V σ +O σ σ" is not allowed since the structures in 3(b) and 4(b) are perfectly well-formed. Here, the nouns *cheliang* 车辆 "car" and *shumu* 树木 "tree" are collective nouns and used only in formal speech, while the monosyllabic verbs *mai* 买 "to buy" and *zhong* 种 "to plant" only occur in informal speech. Therefore, the ungrammaticality is due to the incompatibility of register.

Keywords: prosody; Prosodic Grammar; the theory of Prosodic Grammar; length of syntactic constituents; language complexity

陆俭明
北京大学中国语言学研究中心 / 中文系
lu_ma2008@pku.edu.cn

Thoughts on Prosodic Structure*

Hirst, Daniel

Abstract: Our ideas about prosodic representation are heavily influenced by our knowledge of written language. All writing systems represent utterances as a linear sequence of elements drawn from a finite set of characters. In many languages, special characters such as spaces or punctuation marks are used as boundary symbols. There is a general consensus today that utterances, although themselves produced, transmitted and perceived as a linear stream of (respectively) physiological, acoustic and perceptual events, are mentally represented as a prosodic structure in which smaller chunks of speech are grouped into larger chunks following a hierarchy of phonological levels, and that this hierarchy is only partially related to the more abstract syntactic structure. In this paper, I present and discuss some thoughts on the nature of these prosodic chunks and the ways in which prosodic structure differs both from written language and syntactic structure. I suggest, in particular, that a less linear approach to prosodic structure may lead to significant and sometimes surprising insights into the nature of prosodic representations.

Keywords: prosodic structure; phone; mora; syllable; rhythm; melody; intonation

1. Introduction

There is a general consensus today that, although utterances are produced, transmitted and perceived as a linear stream of (respectively) physiological, acoustic and perceptual events, see Figure (1), they are mentally represented as a hierarchical

---

* This paper is based on the keynote presentation I gave at the 9th International Conference on Speech Prosody in Poznań Poland, June 13, 2018. A version of the presentation was also given as an ISCA distinguished lecture at Fudan University, Shanghai on May 23, 2019.

prosodic structure, in which smaller chunks of speech are grouped into larger chunks following a hierarchy of phonological constituents, and that this prosodic structure is only partially related to the more abstract syntactic structure.

A classic view of prosodic structure in English, for example, which can be traced back to work by British phoneticians in the early twentieth century, is that *utterances* are made up of groups of *intonational phrases*, intonational phrases are made up of groups of *stress feet*, stress feet are made up of groups of *syllables* and syllables themselves are made up of groups of *phones*, resulting in a hierarchical structure like that in Figure (2).

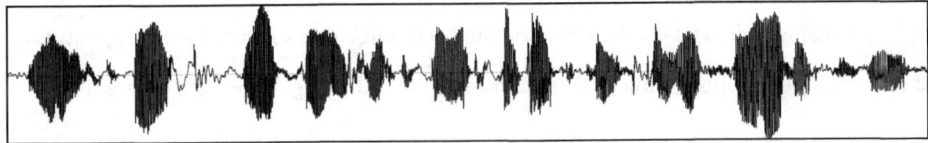

Figure 1 The acoustic signal (waveform) for the utterance "*Last week, my friend had to go to the doctor's, to have some injections*".

Figure 2 The acoustic signal (waveform) and prosodic structure for the utterance "*Last week, my friend had to go to the doctor's, to have some injections*", assuming the prosodic constituents: *phone, syllable, stress foot, intonational phrase* and *utterance*.

Ladd (2014) notes that work in the area of metrical phonology:

...has led to a variety of theoretical ideas about constituent structure in phonology (...) whose potential has, in my opinion, only begun to be explored. [p. 50]

In the rest of this paper, I present and discuss some thoughts about the nature of phonological constituent structure.

2. Phones

The influence of our writing system, especially with alphabetic writing, is particularly noticeable in the representation of individual speech segments, or phones. In the English word "scrambling", for example, there is a nearly one-to-one correspondence between the 10 letters of the orthographic transcription of the word and the 9 symbols of the phonemic transcription /ˈskræmblɪŋ/, the only exception being the final consonant of the word, /ŋ/, which corresponds to two letters "ng".

2.1 Consonant clusters

English word onset clusters can contain up to three consonants. There are, however, a large number of constraints as summarised in the following finite state diagram①:

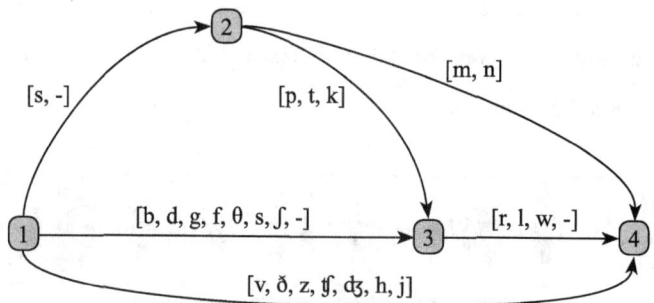

Figure 3 Finite state diagram of English onset consonant clusters

When there are three consonants, the first is necessarily /s/, the second a voiceless stop /p/, /t/ or /k/, and the third a sonorant /l/, /r/ or /w/.

If this were the whole story, we would expect to find 67 possible onset clusters (2*2 + 2*3*4 + 8*4 + 7).

In addition, however, there are other constraints not shown in the finite state diagram. If the stop is /p/, the sonorant cannot be /w/; if it is /t/, the sonorant cannot be /l/. In other words, (not counting /s/), there can be only one coronal [+cor] consonant in the cluster, and there can be only one labial consonant [+lab].

---

① Simplified from Coleman (2005:117). The symbol [-] indicates the possibility of an empty transition.

Two consonant onsets are either:

/s/ + {p, t, k, m, n}

or   {p, t, k, b, d, g, f, θ, s, ʃ} + {l, r, w}

Once again, labial stops or fricatives cannot be followed by /w/ and coronal stops and fricatives (except /s/) cannot be followed by /l/.

I suggested several years ago (Hirst, 1985) that the constraints on word onset clusters in English are so great that the clusters could in fact be analysed phonologically as underlying single segments, defined by a single array of distinctive features.

Since there are practically no restrictions on the consonants which can be preceded by /s/ or followed by /r/ (except for the impossible combination of the two /sr/), I took the additional step of suggesting that, in a cluster, /s/ and /r/ are unspecified for place features and represent respectively stridency [+str] and sonorance [+son].[1] This allowed me to define consonant clusters as complex segments, defined by a single set of features: [±cont; ±son; ±str; ±nas; ±voice, ±lab; ±cor; ±high].

It is not possible for a non-nasal segment to be at the same time a stop and a sonorant, so a feature set such as: [-cont +son -nas -voice +lab] has to be linearised as a voiceless labial stop followed by an unspecified sonorant /r/, which we can represent as /p^R/, which captures the idea that this is a labial stop with a sonorant release. For the cluster /pl/, we can simply add the [+cor] specification for the coronal sonorant, so that [-cont +son -voice +cor +lab] is linearised as /p^L/.

Similarly, since it is not possible for a consonant to be simultaneously [-cont] and [+str], a strident stop, the set [-cont +str +lab] is linearised as /^{S}p/.

This leads to an inventory of 57 onsets for English (or 58 if we include the null onset), each defined by a unique single column of distinctive features, and which we can represent as:

(1) a. p, p^R, p^L, ^{S}p, ^{S}p^R, ^{S}p^L, t, t^R, t^W, ^{S}t, ^{S}t^R, ^{S}t^W, tʃ, k, k^R, k^L, k^W, ^{S}k, ^{S}k^R, ^{S}k^L, ^{S}k^W

b. b, b^R, b^L, d, d^R, d^W, ʤ, g, g^R, g^L, g^W

c. f, f^R, f^L, θ, θ^R, θ^W, s, s^L, s^W, ʃ, ʃ^R, ʃ^L

---

[1] When /s/ and /r/ occur by themselves as an onset, they obviously need to be specified for place of articulation, perhaps respectively [+cor] and [+cor+high].

d. v, vᴿ, vᴸ, ð

e. m, ˢm, n, ˢn

f. r, l, w, j, h

An inventory of 57 onsets is well within the range of the number of consonants classically described for different languages which, according to Maddieson (1984:7), ranges from 11 (Rotokas; Papua, New Guinea) to 141 (!Xóõ, Southern Khoisan; Botswana). In many of the languages with large consonant inventories, these include what Sagey (1986) has called *contour segments*, such as affricates or prenasalised stops. My analysis of English onset clusters is in effect a proposal to treat them all as contour segments.

The word "scrambling", then, at this point, could be represented as a sequence of 6 segments: /ˢkᴿ a m bᴸ ɪ ŋ/

2.2 Velar nasals and nasal vowels

A feature like [+nasal] for vowels is obviously necessary to describe lexical distinctions in languages like French, Polish and Portuguese, which have lexically distinctive nasal vowels. In midi (=Southern) French, nasal vowels are often realised with a fully or partially de-nasalised vocalic portion followed by a nasal sonorant which is homorganic to the following consonant (if any). Thus in some varieties of this accent, instead of standard French:

(2) a. *camper* [kɑ̃pe], *chanter* [ʃɑ̃te], *planquer* [plɑ̃ke],

we can hear:

(2) b. *camper* [kampe], *chanter* [ʃante], *planquer* [plaŋke].

When there is no following consonant, the nasal vowel is often linearised as an oral vowel followed by a velar nasal, so that instead of standard French:

(3) a. *banc* [bɑ̃], *bon* [bõ], *bien* [bjɛ̃],

we can hear:

(3) b. *banc* [baŋ], *bon* [bɔŋ], *bien* [bjɛŋ].

Treating the final nasal velar as the linearisation of an underlying nasal vowel in midi French, provides a natural explanation for the otherwise unexplained fact that, in this language, the nasal velar cannot occur in syllable initial position.

The English velar nasal consonant /ŋ/ also has a defective distribution: it can only occur in "syllable-final" position, and never word (or syllable) initially[①]. To account for this, we could analyse the English velar nasal as the result of the linearisation of a feature [+nasal] on the vowel of the representation. In this account, a word like "sing" would be analysed as phonologically a CV sequence with a [+nasal] feature on the V segment. We can represent this as /sɪ^N/[②]. The co-occurrence constraints on nasals in intersyllabic position can then be easily accounted for as an underlying nasal vowel followed by a non-nasal consonant so that we would have *singer* ['sɪŋə] = /sɪ^{N}ə/, *hinder* ['hɪndə] = /hɪ^{N}də/, *timber* ['tɪmbə] = /tɪ^{N}bə/, *finger* ['fɪŋgə] /fɪ^{N}gə/.

The word "scrambling", could then be represented as a sequence of only 4 segments: /^{S}k^R a^N b^L ɪ^N/

3. Syllables

In most alphabetic writing systems, words are separated by spaces or punctuation marks. At the level of the syllable, there is not a necessary agreement between the division into syllables and the division into words, which are the units that are presumably stored in a "mental lexicon" and that need to be accessed in order to interpret the meaning of an utterance.

If we take the French sentence:

(4) a. *Il est en or.*

b. /i.lɛ.tã. nɔʁ/

It is in gold. = "It's made of gold."

Like (4a), which contains four words, (4b) contains four syllables. Not one of the

---

① This is a language specific characteristic — in other languages (such as Cantonese), /ŋ/ may occur as a syllable onset.
② The notation /ɪ^N/ is simply intended as a representation of underlying nasality and is perfectly equivalent to the notation /ĩ/. Here I use the superscripted capital N to keep the same type of notation I use for the complex consonants.

four syllables, however, corresponds exactly to one of the four words in the orthographic representation. The reason for this is that French makes regular use of *liaison* and *enchaînement* (linking), so that there is a strong tendency to "resyllabify" words whenever possible, to favor open syllable structure.

3.1 Moras

Between the phone and the syllable, many recent phonological analyses posit the existence of a *mora* which is essentially a unit of timing (cf. Hyman (1985)'s *weight units* (WUs), which he explicitly compares to the traditional concept of mora). .

Moraic Phonology (Hayes 1989; Broselow, 1996) defines representations, such as (5) for the English words "city" and "sit":

(5)

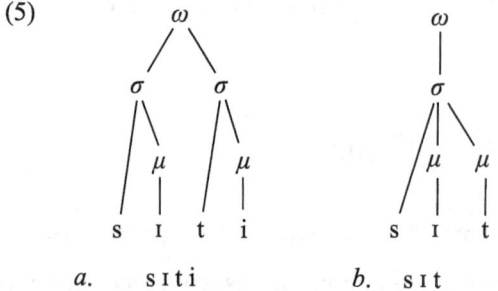

a. sɪti   b. sɪt

In which vowels and syllable-final consonants are linked to moras, whereas syllable-initial consonants are not linked to a mora (μ) but directly to a syllable node (σ).

The fact that syllable-initial consonants do not affect the weight of syllables is well known from studies of lexical stress systems, but as Allen (1973) noted:

> This approach, (…) leaves unexplained why even a single consonantal "surplus" following the vowel should create "length" of syllables just as an additional vowel mora, whereas any amount of consonantal surplus preceding the vowel (such as στρόφος) should be irrelevant. [p. 59]

A possible explanation for this asymmetry can be found in work on co-articulation. Öhman (1966), in a study of nonsense VCV words pronounced by English, Russian and Swedish speakers, found that there was a definite influence of the second vowel both on the intermediate consonant and on the initial vowel. He noted:

We have clear evidence that the stop-consonant gestures are actually superimposed on a context-dependent vowel substrate that is present during all of the consonantal gesture. [p. 165]

This, together with many other studies, suggests that rather than being linearly ordered, as in the phonetic transcription of an utterance, the initial consonant(s) and the vowel in a short syllable are actually produced at the same time, but that the vocalic gesture continues after the end of the consonant.

This can easily be demonstrated by preparing to pronounce the words "sea" and "Sue", without actually producing any sound. It will be noticed that the lips are spread for the first syllable but rounded for the second, even before any sound is produced. This shows clearly that the articulation of the vowel and that of the consonant must be prepared at the same time, before the articulation of either has begun.

In the framework I am outlining here, this simultaneous articulation is taken as central to the representation and I will assume that the onset consonants are in fact linked to the same mora as the "following" vowel. The mora is taken to represent an explicit timing slot, so that instead of (5a), we have something we can represent as:

(6)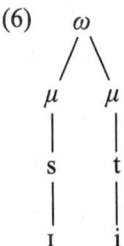

which is intended to represent the fact that both the vowel and the consonant are linked directly to the same mora.

In fact, with a representation like this, it is not clear that the syllable is necessary as a distinct level of phonological constituent.

We should think of consonants and vowels as occupying distinct tiers — so when I refer to a C segment or a V segment, this can be thought of as a set of distinctive features, defining a consonantal or a vocalic segment as discussed in the preceding section, possibly a contour segment. Here, every segment is linked to at least one mora and when two segments are linked to the same mora as in (6), this is taken to mean that they are produced simultaneously, so that the representation in (6) is interpreted as corresponding to a three-dimensional object, something like:

(7)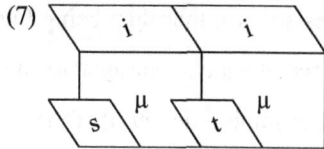

In this example, these C and V segments are very similar to traditional phones, but as will be apparent from the previous section, the C and the V segments are in fact intended to represent more complex segments, which are the basic building blocks of this framework.

The representation corresponding to (5b), then, would simply be:

(8)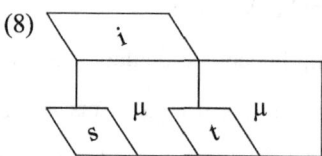

The similarity of the representations for words like "city" (6) and "sit" (8) is deliberate. In many languages, there are alternations between final consonants and final syllables with schwa. In French, for example, a word like "cite" is pronounced /sit/ with a final consonant in most (standard) dialects, but as /sitə/ in midi French with a very variable final schwa. Similarly, in Moroccan Arabic, Benkirane (1998) reports that:

the sequence CVC should be treated as disyllabic with the final consonant constituting the onset of a syllable with an empty rime. (...) a word such as /dib/ can be realised phonetically either with a final schwa [dibə] or with a final consonant which is devoiced but unquestionably released [dib<]. Both the pronunciation of a schwa and a release of the final consonant fulfil the same purpose of detaching the consonant from the preceding syllable. [p. 347]

As in Moraic Phonology, multiple linking of a vowel or consonant can be used to indicate gemination or lengthening, so we can have a long vowel as in "see":

(9)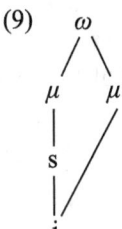

When the long vowel is followed by a consonant, the consonant is co-produced with the "preceding" vowel, that is, the end of the consonant is synchronised with the end of that vowel:

(10)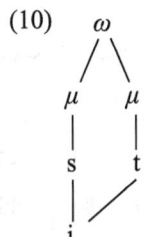

So in (10), the vowel is synchronised with the beginning of /s/ and with the end of /t/. This second consonant can, of course itself, be synchronised with a following vowel such as /ə/. So in "seater", for example, we have:

(11)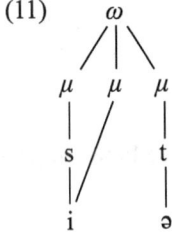

The whole question of the synchronisation of intervocalic consonants deserves attention — the question is obviously linked to the concept of ambisyllabic consonants, a concept which many linguists have found attractive, but which has had very little empirical backing.

In (6), there are two consecutive moras, so each consonant is attached to one of the two moras. But in (8), there are also two moras, and each consonant is attached to one of them.

In (1), however, the situation is more complicated, since there are still two moras but this time the first vowel /i/ is attached to both.

Returning to our example "scrambling", we can now represent its prosodic structure of this word as:

(12)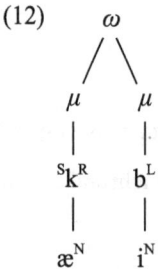

With a sequence of two moras, each associated with a single complex C segment and V segment.

In these examples, I have not used the syllable as a prosodic constituent since the representation I have proposed removes one of the major motivations for the syllable as a prosodic unit. It remains an empirical question whether there may be other reasons to maintain the syllable as a prosodic constituent. In the rest of this paper, for convenience and for compatibility with previous work, I continue to use the syllable as a constituent intermediate between the mora and higher-level units.

4. Stress Feet

If we look above the level of the syllable, the correspondence between prosodic constituents and orthographic or syntactic constituents is no better.

Many descriptions of (British) English intonation and rhythm make use, following Abercrombie (1964) and Halliday (1967), of a unit called the *foot*, a concept originally proposed by Steele (1779) under the name of *cadence* or *bar*, and which is obviously derived from musical and/or poetical notation.

Since the term *foot* has also been used as a theoretical construct in metrical and autosegmental phonology, I shall use the term *stress foot* here for the unit proposed for the description of intonation. This unit can be defined for speech as a sequence of syllables[①] beginning with an accented syllable or with a silent beat at the beginning of a sentence, and continuing up to (but not including) the next accented syllable or silence.

With this definition, we can represent the sentence:

(13) They expected her election in September.

as:

(14) | ^they ex- | pected her e- | lection in Sep- | tember |

where the symbol [|] represents the foot boundary and [^] a silent beat, similar to a pause in musical notation. As can be seen in this example, there can be a considerable mismatch between the level of syntactic words and that of stress feet.

Since Halliday (1967), most of the systematic descriptions of British English intonation [e.g. Crystal (1969), Cruttenden (1986), Tench (1996), up to and including Wells (2006)] have used, or implied, a framework, similar to this. The same phonological unit, the stress foot, is used in these studies to describe the (short-term) domains of both tone (melody) and quantity (rhythm).

Over 65 years ago, however, Jassem (1952) had suggested that we need *distinct* units to represent tonal and rhythmic structure. Jassem describes longer term stretches of intonation with a unit that he calls the *tune* or *tone group*. For the shorter units, he follows the practice of studies of tone languages and cites with approval Beach (1938), who says:

> In Chinese, for example, the syllable is universally accepted as the tone-unit, for the reason that practically every syllable of the language can mean different things according to the way it is intoned... In Panjabi and Lahuda, the tone-units are practically all disyllabic. In English and practically all other European languages, the tone-unit is neither the syllable, nor even the word, but a phrase consisting of one or more words. (p. 124).

Jassem adopts the term *Tonal Unit* rather than *Tone Unit*, presumably to avoid

---

[①] As mentioned at the end of Section 3, for convenience and compatibility with earlier work, I continue to refer to the syllable as the immediate constituent of higher level units. It would of course, be possible to represent the mora as directly linked to these larger units without using the syllable.

confusion between what he calls the *Tone Segment* in English and lexical tones in tone languages. It also helps to avoid confusion between this unit of prosodic structure and the longer term unit which he refers to as the *Tone Group*.

In fact, Jassem's definition of the *Tonal Unit*, given by a list of five different types of such units (op. cit. pp 49-50) is precisely equivalent to the definition given above of what Abercrombie, twelve years later, was to call the (stress) foot.

Unlike Abercrombie and Halliday, who use the same unit to describe both melody and rhythm, Jassem makes a clear distinction between the Tonal Unit, which is conceived of as the domain of occurrence of local pitch movements in English, and the *Narrow Rhythm Unit*, conceived of as the domain of segmental timing.

The *Narrow Rhythm Unit* is similar to the *Foot*, except for the fact that it does not usually cross word boundaries, except in cases of enclitics, which are treated prosodically as belonging to the previous word. Any syllables that are not parts of a *Narrow Rhythm Unit* (NRU), form an *Anacrusis* (ANA), in which, according to Jassem, the syllables are "pronounced extremely rapidly" (p. 40). The *Anacrusis*, together with the following *Narrow Rhythm Unit*, make up what Jassem termed the *Total Rhythm Unit* (TRU). Example (14) in this analysis would look like (15)。

(15)

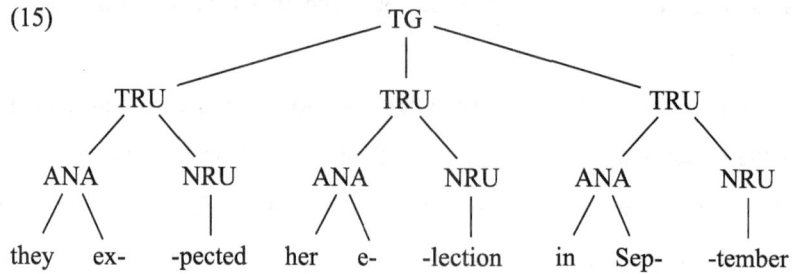

The difference between the Narrow Rhythm Unit and the Anacrusis can be illustrated by a minimal pair, taken from Jassem (1949):

(16) *a*. summer dresses　　　　　*b*. some addresses

In this example, he notes that although the phonemes and stresses are identical, there is a subtle difference of rhythm in the two, the first syllable of *summer* being shorter than that of *some*, whereas the second syllable of *summer* is shorter than the second syllable of *some a-*. He attributes this difference to the fact that the first two syllables of *summer* constitute a single Narrow Rhythm Unit, whereas in *some a-*, the first syllable constitutes a Narrow Rhythm Unit on its own and the second syllable constitutes an Anacrusis. He proposed to represent this in the phonetic transcription by the simple device of a space after each Narrow Rhythm Unit as in:

(17) a. / ˈsʌmə ˈdresiz/   b. / ˈsʌm əˈdresiz/

Here the spaces neatly correspond to the spaces in the orthographic transcription, but this is not always the case. Another example given by Scott (1940):

(18) a. Take Greater London   b. Take Grey to London //

could be transcribed, using Jassem's proposal, as follows:

(19) a. /ˈteɪk ˈgreɪtə ˈlʌndn/   b. /ˈteɪk ˈgreɪ təˈlʌndn/

where the spaces are no longer identical to the orthographic version. In (20), the distinction between the two interpretations is not even reflected in the orthographic transcriptions:

(20) a. He bought her chocolates.

b. /hi ˈbɔːthə ˈtʃɒkləts/ (= for her)

c. /hi ˈbɔːt həˈtʃɒkləts/ (= belonging to her)

The definition of the Narrow Rhythm Unit, then, is a unit beginning with an accented syllable and ending before a rhythmic juncture. The rhythmic juncture corresponds in the majority of cases to the following word boundary except in the case of enclitics, which are assimilated to the preceding Narrow Rhythm Unit.

Klatt (1987), in his review of twenty years of research on speech synthesis, reached the pessimistic conclusion that:

> One of the unsolved problems in the development of rule systems for speech timing is the size of the unit (segment, onset/rhyme, syllable, word) best employed to capture various timing phenomena. (p. 760)

In a study of the segmental duration of a fairly large (5.5 hours) corpus of English, Hirst and Bouzon (2005) found that, as predicted by Jassem but contrary to Halliday's model, word boundaries *do* appear to play an important role in the rhythmic structure of English. Strong negative correlations were found between the duration of a segment and the number of phonemes in the stress foot, in the narrow rhythm unit and in the word, but no similar effect was found either in the syllable or in the anacrusis. Moreover, the correlation was greater for the NRU than either the stress foot or the word, thus confirming Jassem's predictions.

What is true for speech timing is also true for the study of tonal phenomena. As we saw above, Halliday used the same unit, the stress foot, to describe both pitch and rhythm; whereas in Jassem's model, these are dealt with by assuming different units for rhythm and for tone.

In a recent collection of articles, published to celebrate Wiktor Jassem's 90th birthday, I suggested (Hirst, 2012b) that Jassem's *Total Rhythm Unit* does not actually play any phonological role. Instead we can combine the *Tonal Units* and the *Rhythm Units* (*Anacruses* and *Narrow Rhythm Units*) into a single representation. In fact, if we do that, we can note that there is no longer any need to make a formal difference between *Anacrusis* and *Narrow Rhythm Unit*, since the *Narrow Rhythm Unit* will always coincide with the beginning of a *Tonal Unit* — both can simply be characterised as *Rhythm Units*.

We can note that a representation like this conforms to the *Strict Layer Hypothesis* (Selkirk, 1981, 2011), which states that:

> A constituent of category-level n in the prosodic hierarchy immediately dominates only a (sequence of) constituents at category-level n-1 in the hierarchy. (Selkirk, 2011 p. 3.)

An empirical framework for the study of prosodic typology will obviously need a way to test which prosodic unit is the most effective in modelling the data. In ongoing work (Hirst, 2012a, 2015) on a prosody editor, designed specifically for linguists to test models of prosody, I consequently take a deliberately agnostic view on what constitutes the rhythm unit and what constitutes the tonal unit. Instead I *define* the *Rhythm Unit* [ρ] and the *Tonal Unit* [τ] as respectively the domains of interpretation of short-term planning of timing and pitch respectively and at the same time the *Intonation Unit* [IU] is *defined* as the domain of longer term interpretation of pitch and tone via changes in register and tempo.

This means that we can then formulate the differences between two hypotheses more precisely by saying, for example, that for Jassem, ρ corresponds to his *Narrow Rhythm Unit* and to his *Anacrusis*, whereas for Halliday, it corresponds to the *Stress Foot*. For Jassem, τ corresponds to Jassem's *Tonal Unit* which, as we saw, is identical to Abercrombie's and Halliday's *Stress Foot*.

Using the annotation I propose, then, we can formulate a representation of example (14) in Jassem's model as:

(21)
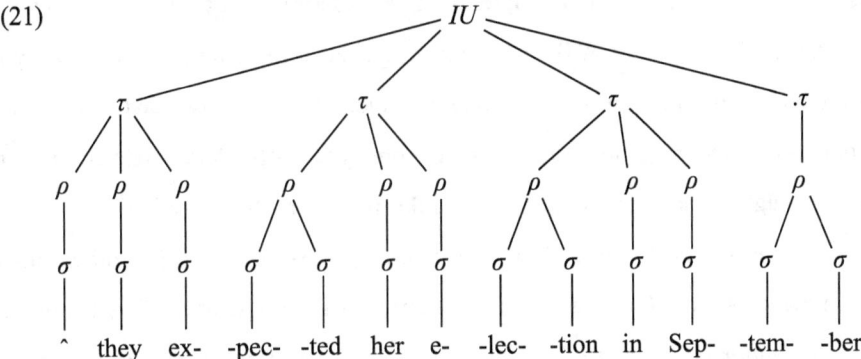

Whereas in Halliday's model, the representation would be:

(22)
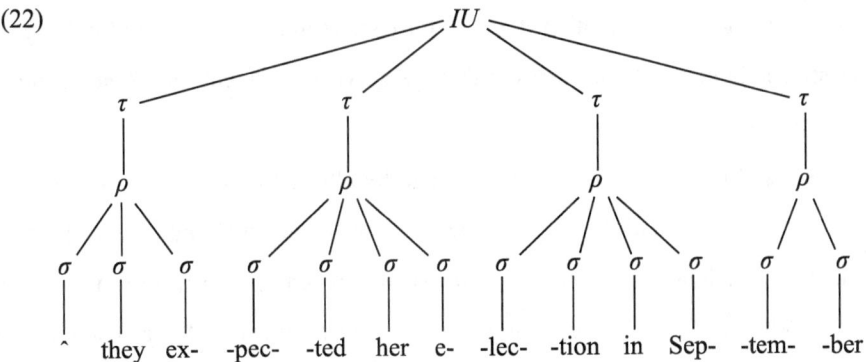

where the *Rhythm Unit* and the *Tonal Unit* correspond to the same prosodic level.

It is an empirical question which of these two representations is the more appropriate for English. As mentioned above, our study of rhythm in English (Hirst & Bouzon op. cit.) concluded that Jassem's model (as in 21) provides a more adequate model than that of Halliday (as in 22).

5. Intonational Phrases

Higher level phonological categories present even worse problems of correspondence with the abstract syntactic structure. It is generally considered that syntactic phrases are recursive syntactic categories, whereas phonological phrases do not show the same type of recursive structure[①].

Since the relationship between phonological structure and syntactic structure seems far from direct, the solution adopted in most descriptions of intonation (particularly but not exclusively that of British English) has been to assume that the two types of structure are independent levels of representation and to suppose that there must exist some sort of *mapping rules* to explain how one type of structure is related to the other, even though the nature of these mapping rules is often far from explicit.

There is a fairly general consensus on the existence of a prosodic unit larger than the stress foot (= Tonal Unit) and shorter than the utterance. This is often called the *Intonational Phrase* in the autosegmental-metrical framework and corresponds to what was variously called the *Tone Group, Tune, Intonation Group* in earlier work on English intonation. As mentioned above, I use the term *Intonation Unit* for this prosodic constituent in line with the names of the lower level constituents, the *Tonal Unit* and the *Rhythm Unit*.

Crystal (1969) noted that the average length of Intonation Units in his corpus was of five words and that 80% of the Units were less than eight words long. When utterances are longer than this, they are usually broken up into two or more Intonation Units. Wh-questions appear to impose greater restrictions on the possible intonation breaks during the utterance so that a long question will still tend to be produced as a single Intonation Unit even in a sentence containing as many as eight accents:

(23) 'What 'made 'John 'tell 'Anne 'not to 'go 'home?

Apart from this type of question, it is fairly rare to find utterances in spontaneous speech which contain more than three or four accents in a single Intonation Unit.

[①] For arguments in favor of a (limited) form of recursivity in prosodic structure, see Ladd (1986).

There has been considerable disagreement as to what criteria, syntactic, semantic or pragmatic, are relevant for this phrasing. For a summary of arguments for and against syntactic constraints on phrasing cf. Couper-Kuhlen (1986), Chapter VIII.

Many of the arguments which have been presented against such constraints, however, no longer hold if we assume a less trivial correspondence between syntax and phonology than has generally been proposed.

Thus it has usually been assumed that a grammatical account of phrasing must show a one-to-one correspondence between syntactic units and prosodic units. This is obviously not the case in utterances like the following (from Couper-Kuhlen op. cit.) where [ ] indicate the boundaries of an intonation unit.

(24) a. [They feel like they're a forgotten bit] [of a war]
 [that nobody wants to solve]

b. [They'll leave it alone] [till it splatters out] [to a deadly end]

c. [So here I am][in the middle of the most enormous][movement]

d. [as if the whole world] [is hanging waiting on our decision]

e. [which I found one of the most fascinating and most interesting] [times of my life]

The conclusion was consequently drawn that "it is virtually impossible to predict where boundaries will come." (p. 153)

I have suggested (Hirst, 1987, 1993) a different explanation for this apparent lack of correspondence between syntactic and phonological constituents. While pragmatic and phonological constraints are obviously the ultimate criteria by which a speaker decides *where* they will place a boundary, syntactic criteria define where these boundaries *may* occur.

In all the examples in (24), as well as in others given by the same author, it is striking that each boundary occurs before a complete syntactic constituent extending to the end of the sentence.

The reason why the correspondence between syntactic and prosodic constituents breaks down is that syntactic constituents may be interrupted by a prosodic boundary at the beginning of an internal syntactic constituent, but only if a prosodic boundary is also placed at the end of that constituent.

Thus in (24) for example, the syntactic structure relevant to the phrasings noted is:

(25) a. [They feel like they're a forgotten bit [of a war

[that nobody wants to solve]]]

b. [They'll leave it alone [till it splatters out [to a deadly end]]]

c. [So here I am [in the middle of the most enormous [movement]]]

d. [as if the whole world [is hanging waiting on our decision]]

e. [which I found one of the most fascinating and most interesting

[times of my life]]

This interpretation predicts that, while several different phrasings may be theoretically possible, others will be ruled out; in particular, internal boundaries are predicted not to occur before a constituent if the end of that constituent is not also marked by a boundary. In a sentence like:

(26) He promised to donate a considerable sum to her favorite charity.

Prosodic boundaries can occur after "donate" and after "sum", but the boundary after *donate* can only occur if there is also a boundary after *sum*.

6. Utterances

While there is quite a general consensus concerning the existence of prosodic constituents equivalent to what I have called *Intonation Units*, there is considerably less agreement as to whether larger or intermediate prosodic units need to be identified.

Several authors have proposed an intermediate constituent between the *Intonation Unit* and the *Stress Foot*. In ToBI annotation, for example (Silverman et al, 1992; Beckman et al, 2005), an *Intermediate Phrase* is distinguished from an *Intonational Phrase* by the fact that the former has only a final phrase accent, while the latter has both a phrase accent and a boundary tone. It is not obvious, however, that a sequence of two intermediate phrases necessarily form a higher-level constituent. An alternative would be to consider both as *Intonation Units* and to make the presence of a boundary tone an optional feature of this constituent.

It has been also suggested that *Intonation Units* are organized into higher-order *paratone-groups* (Fox, 1973, 1984) or *major paratones* (Yule, 1980), which are signalled essentially by a change of overall width of pitch range (Brazil, 1975; Brown, Currie & Kenworthy, 1980).

The beginning of a paratone is said to be usually marked by extra high pitch on the first accent, while the end is usually marked with extra-low pitch. When the end of a paratone is marked in this way but not the beginning, the result is what Yule has called a *minor paratone*.

It seems, however, equally possible to mark the beginning of a paratone but not the end. An alternative strategy would be to make a clear distinction between boundaries and constituents in the same way that I suggested above for the distinction between intermediate phrases and intonational phrases.

Rather than distinguish major and minor paratones, then, we might simply assume that Intonation Units can be marked as paratone-initial, paratone-final, or both or neither. Such a distinction could be marked in a transcription by simply doubling the initial or final square bracket of an intonation unit so that in a sequence:

(27) [[A] [B] [[C] [D]] [E]]

A and C are marked as paratone-initial and D and E as paratone final, even though the sequence as a whole is not properly bracketed (i.e. the number of opening brackets does not correspond to the number of closing brackets) and it cannot be divided into a sequence of independent paratones.

As Ladd noted in the quotation at the beginning of this presentation, theoretical ideas about constituent structure in phonology are definitely in need of considerable more exploration.

7. Conclusions

The framework I have sketched in this presentation makes a number of fairly controversial proposals.

The first is that the level of phones could be replaced by a more abstract level of contour segments, C and V such that the word "scrambling", for example, is composed of just 4 such segments.

The second is that work in the area of co-articulation suggests that, rather than stipulate that onset consonants are not connected to a mora but linked directly to the syllable, we could assume that the onset consonants are linked to the same mora as the "following" vowel and produced simultaneously. This proposal removes one of the major justifications for the syllable as a prosodic constituent.

The third suggestion, following the pioneering work of Wiktor Jassem, is that we should distinguish the domains of short-term planning of time and melody as Rhythm Units (ρ) and Tonal Units (τ), respectively.

The final suggestion is that making a clear distinction between the concepts of boundaries and that of prosodic constituents would mean that it is not necessary to assume higher level constituents other than the Intonation Unit.

In conclusion, the prosodic representation I propose is composed of 5 (or 6) levels: the complex segment, the mora, (the syllable), the rhythm unit, the tonal unit and the intonation unit. These constituents are organised into a strictly layered hierarchical structure as mentioned in section 4.

Of course, all these proposals are highly tentative and much further work and thought are needed on the subject of prosodic constituent structure.

References

Abercrombie, D. 1964. Syllable quantity and enclitics in English. In D. Abercrombie D. Fry, P. MacCarthy, N. Scott, J. Trim (eds.) *In Honour of Daniel Jones*, London: Longman, 216-222.

Allen, W.S. 1973. *Accent and Rhythm-Prosodic Features of Latin and Greek: A Study in Theory and Reconstruction*. Cambridge: Cambridge University Press.

Beach, D. 1938. *The Phonetics of the Hottentot Language*. Heffer and Sons., Cambridge, Mass.

Beckman, M.E. Hirschberg, J. & Shattuck-Hufnagel S. 2005. The original ToBI system and the evolution of the ToBI framework. In: S-A. Jun (ed.) *Prosodic Models and Transcription: Towards Prosodic Typology.*, London & New York: Oxford University Press, 9-54.

Benkirane, T. 1998. Intonation in Western Arabic (Morocco). In: D. J. Hirst & A. Di Cristo (eds.) *Intonation

Systems: A Survey of Twenty Languages, Cambridge University Press, Chap 19, 348-362.

Brazil, David. 1975. Discourse analysis. *Discourse Analysis Monographs 1*. English Language Research, University of Birmingham.

Broselow, E. 1996. Skeletal positions and moras. In: J.A. Goldsmith (ed.) *The Handbook of Phonological Theory.*, Blackwell Publishing.

Brown, G. Currie, K. & Kenworthy, J.. 1980. *Questions of Intonation*. London: Croom Helm.

Coleman, J. 2005. *Introducing Speech and Language Processing*. Cambridge: Cambridge University Press.

Couper-Kuhlen, E. 1986. *An Introduction to English Prosody*. London: Edward Arnold.

Cruttenden, A. 1986. *Intonation*. Cambridge textbooks in linguistics. Cambridge: Cambridge University Press.

Crystal, D. 1969. *Prosodic Systems and Intonation in English*. Cambridge: Cambridge University Press.

Fox, Anthony. 1973. Tone sequences in English. *Archivum Linguisticum*, 4:17-26.

Fox, Anthony. 1984. Subordinating and co-ordinating intonation structures in the articulation of discourse. In D. Gibbon & H. Richter (eds.), *Intonation, Accent and Rhythm. Studies in Discourse Phonology*, pp. 120-133. Walter de Gruyter, Berlin, 1984.

Halliday M. 1967. *Intonation and Grammar in British English*. Mouton.

Hayes, B. 1989. Compensatory lengthening in moraic phonology. *Linguistic Inquiry* 20(2): 253-306.

Hirst, D.J. 1985. Linearisation and the single segment hypothesis. In: J. Guéron, H.J. Obenauer, J.Y. Pollock (eds.) *Grammatical Representation*, Foris, Dordrecht: 87-100.

Hirst, D.J. 1987. *La représentation linguistique des systèmes prosodiques : une approche cognitive*. Thèse de Doctorat d'Etat (Habilitation Thesis), Université de Provence.

Hirst, D.J. 1993. Detaching intonational phrases from syntactic structure. *Linguistic Inquiry* 24(4): 781-788.

Hirst, D.J. 2012a. ProZed: A speech prosody analysis-by-synthesis tool for linguists. In: *Proceedings of the 6th International Conference on Speech Prosody*, Shanghai.

Hirst, D.J. 2012b. Empirical models of tone, rhythm and intonation for the analysis of speech prosody. In: D. Gibbon, D. J. Hirst & N. Campbell (eds.) *Rhythm, Melody and Harmony in Speech. Studies in Honour of Wiktor Jassem*. Speech and Language Technology, Vol. 14/15, Polish Phonetic Association, Poznan: 23-33 .

Hirst, D.J. 2015. ProZed: A speech prosody editor for linguists, using analysis-by-synthesis. In: Hirose K, Tao J. (eds.) *Speech Prosody in Speech Synthesis: Modeling and Generation of Prosody for High Quality and Flexible Speech Synthesis.*, Springer Verlag, Berlin Heidelberg, Chap 1: 3-17.

Hirst, D.J., & Bouzon, C. .2005. The effect of stress and boundaries on segmental duration in a corpus of authentic speech (British English). In: *Proceedings of Interspeech/Eurospeech* 05., Lisbon: 29-32.

Hyman, L.M. 1985. *A Theory of Phonological Weight*. Foris Publications.

Jassem, W. 1949. Indication of speech rhythm in the transcription of educated southern English. [in phonetic script]. *Le Maître Phonétique* III(92): 22-24.

Jassem, W. 1952. *Intonation of Conversational English*: (educated southern British). Nakl. Wroclawskiego Tow. Naukowego; skl. gl.: Dom Ksiazki.

Klatt, D. 1987. Review of text-to-speech conversion for English. *The Journal of the Acoustical Society of America* 82: 737-793.

Ladd, D.R. 1986. Intonational phrasing: The case for recursive prosodic structure. *Phonology Yearbook* 3:

311-340.

Ladd, D.R. 2014. *Simultaneous Structure in Phonology*. Oxford: Oxford University Press.

Maddieson, I. 1984. *Patterns of Sounds*. Cambridge: Cambridge University Press.

Öhman, S.E.G. 1966. Coarticulation in VCV utterances: spectrographic measurements. *Journal of the Acoustical Society of America,* 39: 151-68.

Sagey, E.C. 1986. *The Representation of Features and Relations in Non-linear Phonology*. PhD thesis, Massachusetts Institute of Technology.

Scott, N. 1940. Distinctive rhythm. *Le Maître Phonétique,* 49: 6-7.

Selkirk, E. 1981. On prosodic structure and its relation to syntactic structure. In Thorstein Fretheim (ed.) *Nordic Prosody II: Papers from a Symposium*, Trondheim, TAPIR: 111-140.

Selkirk, E. 2011. The syntax-phonology interface. In J. Goldsmith, J. Riggle & A. C. L. Yu (eds.) *The Handbook of Phonological Theory 2*, Oxford: Blackwell: 435-484.

Silverman, K. Beckman, M. Pitrelli, J. Ostendorf, M. Wightman, C. Price, P. Pier- rehumbert, J. & Hirschberg. J. 1992. TOBI: A standard for labeling English prosody. In: *Second International Conference on Spoken Language Processing*, ISCA, Banff. Canada: 867-870.

Steele, J. 1779. *Prosodia Rationalis: An Essay towards Establishing the Melody and Measure of Speech, to be Expressed and Perpetuated by Peculiar Symbols*. (2nd ed.) J. Nichols, London.

Tench, P. 1996. *The Intonation Systems of English*. Cassell.

Wells, J. C. 2006. *English Intonation: An Introduction*. Cambridge: Cambridge University Press.

Yule, G. 1980. Speakers' topics and major paratones. *Lingua Amsterdam,* 52(1-2):33-47.

关于韵律结构的一些思考

赫 丹

法国国家科研中心语言与言语实验室

法国普罗旺斯地区艾克斯市艾克斯－马赛大学

摘 要 我们对韵律表征的想法很大程度上受到我们书面语言知识的影响。所有书面语言系统都将话语表征为由一个有限字符集中获取的线性成分序列。很多语言都将空格、标点符号之类的特殊字符用作边界符号。今天人们普遍认为，话语本身虽（分别）是以生理、声学和感知事件流产生、传播和感知的，但在大脑中却被表征为一种韵律结构，其中小的语音块按照音系层级结构组成更大的语音块，而且这种层次结构只与更为抽象的句法结构部分相关。本文列出并讨论了有关这些韵律块的性质以及韵律结构何以不同于书面语言和句法结构的一些想法，特别提出采用一种不太线性的方法研究韵律结构，可能会对韵律表征的性质产生重要有时甚至是令人惊讶的见解。

关键词 韵律结构 音子 韵素 音节 韵律 旋律 语调

Hirst, Daniel

Laboratoire Parole et Langage, CNRS & Aix-Marseille University

Aix-en-Provence, France

daniel.hirst@lpl-aix.fr

景颇语的"一个半音节"在汉藏语语音研究中的地位 *

戴庆厦

摘 要 本文从景颇语"一个半音节"特点的分析以及与亲属语言的比较中，论证这一化石般的"一个半音节"在认识汉藏语语音历史特点中的地位。"一个半音节"的存在，至少能够勾画藏缅语语音从复辅音声母到"一个半音节"再到单辅音声母的演变轨迹，还可为原始汉藏语语音是否存在复辅音声母以及后来出现什么演变轨迹提供参照线索和思路参考。全文分为六个部分：题解；"一个半音节"术语的概念；景颇语"一个半音节"的共时特点；景颇语"一个半音节"的两种来源；用"一个半音节"构拟藏缅语声母从复辅音到单辅音的演变链；从共时窥见历时的几点体会。

关键词 景颇语 一个半音节 汉藏语 地位 演变链

1. 题解

研究语言的历史演变有多种方法、多种途径，如古今语言比较、方言比较、语言遗迹证明等。对于缺少历史文献的语言，由于不能从古代文献和今日口语的

---

* 本文在 2018 年 10 月 20 日—21 日于首都师范大学召开的首届历史语言学研讨会上宣读过。

对比研究中获得成果，因而在研究方法上只能另辟蹊径，寻找可以使用的方法。本文在拙作《景颇语弱化音节的历史来源》(戴庆厦，2015)的基础上，进一步分析景颇语"一个半音节"在研究藏缅语乃至汉藏语中的地位，包括它的价值和意义。

我国藏缅语的部分语言，如景颇语、独龙语、载瓦语、波拉语、阿昌语、缅甸语等存在数量不等的"一个半音节"，但相比之下以景颇语最为丰富。"一个半音节"词大多出现在基本词汇里，与亲属语言有同源关系、对应规律可循。"一个半音节"是藏缅语语音历史演变中遗留下来的一块珍贵的"活化石"，对于沟通藏缅语乃至汉藏语的语音历史演变的链接具有一定的作用。

在汉藏语语音历史演变中，存在一些长期困扰人们的有趣问题，比如，研究汉藏语的语音演变史，单辅音声母和复辅音声母的变换，单音节词和复音节词的变换等。目前存疑的问题之一是，古代汉语（上古汉语及上古以前的汉语，下同）究竟有没有复辅音声母，有的话有哪些特点、哪些类别？原始汉藏语的声母系统有哪些复辅音声母，后来各语族、各语支是怎么演变的？从音节上看，汉藏语的单音节和双音节是如何转换的？其先后顺序应如何排列，与分析性语言属性存在什么关系？在原始汉藏语或古代汉语里，还有在甲骨文里，有没有"一个半音节"的迹象，有无从复辅音声母的单音节词向"一个半音节"词转化的痕迹？还有，"一个半音节"在汉藏语韵律的构式中有哪些表现和作用？

当然，目前的研究成果还不可能用"一个半音节"的存在来构拟某个原始音类或直接证明某种音变规律的存在，但可以通过这块"活化石"的介入，提出某种历史音变可能性的假设或可能性的线索。"假设"是语言历史研究所必需的。

本文希望通过对景颇语"一个半音节"共时特点的分析，为汉藏语语音演变的研究提供一些可能的线索，还希望有助于汉藏语韵律学的研究。

2."一个半音节"术语的概念

"一个半音节"是个新术语。为了便于读者明白后文的论述，有必要对"一个半音节"术语的概念先做些简要的介绍。

在读音上，"一个半音节"有长短、强弱两个特征。长短，是指双音节词的"前短后长"，大致是，前一音节是半拍，后一音节是一拍，加起来是一拍半，即

"半加1",与常见的"1加1"的双音节词不同,所以称"一个半音节"。这种"前短后长"模式是就语言音节长度的比例来说的,即前一音节短,后一音节长。但长短还伴随着强弱,前一音节是弱音节,后一音节是强音节,即"前弱后强"。这种比例的差异,是制约藏缅语语音系统演变、发展的一个重要因素,具有特殊性,因而引起语言学家的关注。

我最初是从"强弱"上来认识这一特征的。曾经用过"弱化音节"来称呼景颇语"一个半音节"词中读为轻而短的前一音节,在元音上加ˇ符号表示弱化。如:mă³¹ʃa³¹ 人、lă⁵⁵khoŋ⁵¹ 二、mă³¹sop³¹ 摸、mă⁵⁵sai³³ 句尾词(表示第三人称复数叙述语气)等。这种音节模式,与前后音节读音强弱一样的双音节词,如paṇ³³khje³³ 红花、wan³¹khut³¹ 火烟、an⁵⁵the³³ 我们、puŋ³¹khʒut³¹ 洗(头)等,具有不同的特点。前后两个音节强弱相同,或不相同,是景颇语词结构两种不同的模式,各有自己的演变规律。

近几年,有的语言学家从长短上来给这种模式定性,称"一个半音节"。这一术语及概念的出现,与汉藏语历史语言学的发展,特别是构拟上古汉语的语音结构有一定的关系。因为它对认识原始汉藏语有无复辅音、复辅音的特点以及它后来的历史演变都有一定的解释力,因而受到语言学界的重视。因为这篇论文是讲历史演变的,所以我用"一个半音节"这一术语。

但"强弱"和"长短"两个特征,究竟哪个是主要特征,哪个是次要特征或是伴随特征?我目前的认识是,长短是主要特征,强弱是伴随特征。

"一个半音节"对藏缅语复辅音的历史演变研究,特别是从共时窥见历时的研究,都具有一定的价值,而且对藏缅语历史语音的分化、整合、类化以及韵律特征的研究也有一定的价值。

3. 景颇语"一个半音节"的共时特点

从共时上看,景颇语的"一个半音节"有以下几个特点:

第一,出现频率高,是一个能产的语音模式。

除了貌词外,"一个半音节"遍布各个词类中。如:lă³¹ko³³ 脚、lă³¹pu³¹ 裤子、kă³¹te³¹ 哪儿、ʃă³¹ʒin⁵⁵ 学习、tă³¹pak⁵⁵ 摆满、kă³¹pa³¹ 大、kă³¹tʃi³¹ 小、mă³¹sum³³ 三、mă³¹ŋa³³ 五、lă³¹lam⁵⁵ 一庹、kă³¹tṵ³¹kă³¹tat³¹ 随心所欲地、

mă³¹tsaṭ⁵⁵¹ʃă³¹pat³¹ 肮脏状、mă³¹la³³la?⁵⁵ 特别地、mă³¹tʃo³¹ 因为、mă³³sai³³ 第三人称复数叙述式句尾词、ma⁵⁵ni⁵¹ 第二人称复数疑问式句尾词。

从出现频率上看，据《景汉辞典》（徐悉艰等，1983）15 245 条目统计，"半音节"在词典中出现的总数是 5370 次，占音节总次数 34 336 次的 15.64%。再看"半音节"在话语中的比例。据《景颇语语法》（戴庆厦、徐悉艰，1992）附录的 11 篇话语材料统计，共有 8532 个音节，"半音节"有 788 个，占 9.24%。

从以上统计数字看到，"半音节"在景颇语里是个出现频率较高、比较活跃的语音要素，这必然会对景颇语语音结构的存在和发展起到重要的影响作用。

第二，"半音节"的"长短"特征主要出现在元音上，但不是所有的元音都能出现。景颇语有 i、e、a、o、u 5 个元音，能出现"半音节"的只有 i、a 2 个元音，其他元音不出现。但 i、a 元音弱化时随着前面声母的不同有多个不同的变体。变体出现的条件受声母特点的制约：与舌尖音声母 ts、s 和舌叶音声母 tʃ、ʃ 结合的读为 [ɨ]；与声母 w 结合的读为 [u]，与其余声母结合的都读为 [ə]。例如：

tsă³³[tsɨ⁵⁵] mai³³ 稍好　　　　să³¹[sɨ³¹] taŋ³³ 　　名声

wă⁵⁵[wŭ⁵⁵] kji⁵⁵ 瘦牛　　　　phă³³[phŏ³³] ka³³ 　生意

thă⁵⁵[thŏ⁵⁵] lo⁵¹ 那么长　　　nă³¹[nŏ³¹] tuŋ³¹ 　　田坝

第三，从音节的声韵调的结构上看，"半音节"（指"一个半音节"的前一弱化音节）只出现在部分声母、韵母、声调上。

在声母上，景颇语的声母有 31 个，能当"半音节"的声母有 16 个。腭化声母、舌叶化声母都不能构成"半音节"，擦音 j、x 和新增的借词声母 f、tsh 不能构成"半音节"。下列声母右上角带星号的是不能构成"半音节"的：p、ph、m、w、f*、pj*、phj*、mj*、pʒ*、phʒ*、t、th、n、l、ts、tsh*、s、tʃ、tʃh*、ʃ、ʒ、j*、k、kh、ŋ、x*、kj*、khj*、ŋj*、kʒ*、khʒ*。

不同的声母，"半音节"存在差异，有的多，有的少，这反映出不同声母半音节化能力存在差异，还与半音节化过程的先后有关。下面列出的是《景汉辞典》5370 个音节出现弱化音节的数字（按出现多少排列）：m 1310、k 1023、ʃ 1001、l 735、tʃ 414、s 271、w 209、p 115、kh 112、t 89、ph 50、s 27、th 7、ʒ 3、ŋ 3、n 1。

不送气声母比送气声母出现频率高，如：k 有 1023 次，kh 只有 112 次；t 有 89 次，th 有 7 次；p 有 115 次，ph 有 50 次。不能弱化的声母有：腭化声母 pj、 phj、mj、kj、khj、ŋj、舌叶化声母 pʒ、phʒ、kʒ、khʒ，还有随借词而新增的新音位 f、tsh、tʃh、x。

出现比例的差异，大约与其原始共同语来源时的特点有关。这是个有意义的题目，但又是个复杂而又不易厘清的问题。

在韵母上，景颇语韵母有 88 个，分单元音韵母、复合元音韵母、带辅音尾韵母 3 类。"半音节"的韵母只出现在单元音韵母上，不出现在复合元音韵母上。单元音韵母有 i、e、a、o、u 5 个，只有 i、a 2 个元音能构成"半音节"。景颇语的塞音韵尾有 p、t、k、ʔ 4 个，带塞音韵尾的音节不能构成半音节。

在声调上，景颇语有高平、中平、低降、高降 4 个调，高降调主要出现在变调上。"半音节"不出现在高降调上。

第四，有的词，前一音节在共时上存在弱化与非弱化两读，这反映出"半音节"化过程是逐步进行的，而不是一次到位的。例如：

双音节	一个半音节	
kin³¹khʒaŋ³³	～	kă³¹khʒaŋ³³ 徘徊
sin³¹teʔ⁵⁵	～	să³¹teʔ⁵⁵ 句尾词（命令式，主语第一人称）
sin³¹teʔ⁵⁵ai³³	～	să³¹teʔ⁵⁵ai³³ 句尾词（叙述式，主语第一人称）
sin³¹te⁵⁵	～	să³¹te⁵⁵ 肾脏
sin³¹phuŋ³³	～	să³¹phuŋ³³ 大棉
sin³¹tʃap³¹	～	să³¹tʃap³¹ 豪猪膻味

第五，从意义上看，"半音节"大多是没有意义的，也有少数表示语法意义，是前缀。表示语法意义的主要有以下一些：

表使动的：ʃă³¹pa⁵⁵ 使累，să³¹tsan³³ 使远，tʃă³¹san³¹ 使干净
　　　　　（前）累　　　（前）远　　　　（前）干净

表名物化的：tʃã³³si³³ 死的，tʃã³³khje³³ 红的，tʃã³³mu³³ 好吃的
　　　　　　（前）死　　　（前）红　　　　（前）好吃

表人称的：mă⁵⁵ni⁵¹ 疑问语气句尾词，表第二人称复数
　　　　　人称 语气
　　　　　să⁵⁵ni⁵¹ 疑问语气句尾词，表第二人称单数
　　　　　人称 语气

"半音节"有的还表示词汇意义,但这些并没有抽象为真正的前缀,每个音节能派生的词寥寥无几。如:

mă⁵⁵ 表示 "昨" 义:mă⁵⁵naʔ⁵⁵ 昨晚,mă⁵⁵ni⁵⁵ 昨天,mă⁵⁵niŋ³³ 去年
          晚   天   年

通过共时分析,我对景颇语弱化音节的共时特点有了以下几点认识:

(1)"前短后长"(或"前弱后强")是景颇语的一个重要的双音节语音模式,它不同于汉语的"前重后轻"的轻声结构。由于语音结构不同,演变的模式也不同。

(2)"半音节"只出现在部分音素、音节上,有固定的语音模式。

(3)"半音节"的功能除少量表示不同的语法意义和词汇意义外,大多分离不出意义,是双音节单纯词的一个音节。过去有的学者笼统称之为"前缀"是不合适的。共时特征显示了它有不同的历史来源。

4. 景颇语"一个半音节"的两种来源

通过语素分析和亲属语言比较,能够发现景颇语的"一个半音节"主要有两种不同的来源。两条不同的途径汇成一个相同的语音模式。这就是说,"一个半音节"是一种模式两种来源。分述如下:

4.1 大多来源于古代藏缅语复辅音声母音节

藏缅语族语言中,有许多语言(特别是分布在北部地区的语言)有丰富的、程度不同的复辅音声母。藏缅语历史比较成果已经证明,复辅音声母应该是藏缅语乃至汉藏语早期的语音形式。通过景颇语与亲属语言的比较可以看到,景颇语的"一个半音节",凡与藏缅语保留复辅音声母的亲属语言存在同源关系的,大都是与带复辅音声母的音节对应;而非"一个半音节"的词,则与单辅音声母的音节对应。但南部地区复辅音声母大都消失的语言,在对应中这些语言的词语则与景颇语"一个半音节"的后一音节对应。这条规则,清晰地显示了"一个半音节"与复辅音声母音节在演变上的关系。试看下列同源词的对应:

词义	景颇语	藏文	羌语	哈尼语	载瓦语
三	mă^{31}sum^{33}	gsum	khsə	sɔ^{55}	sum^{31}
四	mă^{31}li^{33}	bʑi	gzə̣	ø^{31}	mji^{21}
五	mă^{31}ŋa^{33}	lŋa	ʁuɑ	ŋa^{31}	ŋo^{21}
九	tʃă^{31}khu^{31}	dgu	zguə	ku̠^{31}	kau^{21}
撑	mă^{31}ti̠ʔ^{31}	ɦdegs	ɕtɕə	tu̠^{33}	thuʔ^{55}
连接	mă^{31}tu̠t^{55}	bstud	zdə	tsa^{31}	tshoʔ^{55}
舔	mă^{31}ta̠ʔ^{31}	ldag	nɛ tɛ	mje^{31}	joʔ^{21}
闻	mă^{31}nam^{55}	snom	ɕɛtə	nɔ^{55}	nam^{51}
胆	ʃă^{31}kʒi^{33}	mkhris	xtʂə	khɯ^{55}	siŋ^{21}kji^{51}
星星	ʃă^{33}kan^{33}	star ma	ʁdzə	a^{31}gɯ^{55}	kji^{51}
脚	lă^{31}ko^{33}	rkaŋ	dʐu qu	a^{31}khɯ^{55}	khji^{51}
弯	mă^{31}ko̠ʔ^{31}	ŋguʔ^{55}（巴塘）	qui ʁɑ	ɣu^{31}	koi^{55}
偷	lă^{31}ku^{55}	rku	ṣquəx	xø^{31}	thau^{21}

景颇语同一个"半音节"在亲属语言里存在与多个前一辅音对应的情况。如：与 mă 对应的有 g、x、kh、b、l、n 等，与 lă 对应的有 r、ʂ、z、ɕ、ɦ 等。为什么会出现这种复杂的对应关系呢？一种可能的推测是，原始藏缅语的复辅音转为景颇语的弱化音节时经历了类化（或归并）的过程，即由多个不同的声母类推为一个"半音节"。如 mă 这个弱化音节，可能由 p、b、m 双唇音和 k、kh、g、x 舌根音等归并而成。当然，要证实这个论点，还要等待原始藏缅语语音构拟的支持。

从音理上说，两个相连的辅音与后面的元音结合在一起由于存在强弱的差异，后一个声母因为与元音靠近，所以音质强一些，而前一个声母因为离元音远，所以音质弱一些。当两个声母分离为两个音节时，前一声母就会因音质弱而弱化为半个音节。

这种"前弱后强"型的语音模式在音系中形成后，还会扩散到其他的双音节词中去，使语言大量出现"一个半音节"的双音节词。

我们还看到：景颇语的单音节词（即非一个半音节）在有复辅音声母的语言里，多与单辅音声母对应；在无复辅音声母的语言里，也多与单辅音声母对应。例如：

词义	景颇语	藏文	羌语	哈尼语	载瓦语
火	mi^{31}	me	mə	mi^{31}	mji^{21}
盐	tʃum^{31}	tshwa	tshə	tsha^{31}də^{31}	i^{55}tʃum^{21}
目	mjiʔ^{31}	mig	mij	mja^{33}	mjoʔ^{21}
手	taʔ^{55}	lag pa	jə pa	la^{31}	loʔ^{21}
猪	waʔ^{31}	phag	piε	a^{31}ɣa^{31}	vaʔ^{21}
狗	kui^{31}	khji	khuə	a^{31}khɯ^{31}	khui^{21}
鱼	ŋa^{55}	ɲa	ʁzə	ŋa^{31}de^{55}	ŋo^{21}tso^{21}
肉	ʃan^{31}	ça	piεs	sa^{31}	ʃo^{51}
我	ŋai^{33}	ŋa	qa	ŋa^{55}	ŋo^{51}
黑	naʔ^{31}	nag po	ɲix	na^{33}	noʔ^{21}
苦	kha^{55}	kha mo	qhax	xa^{31}	kho^{21}
死	si^{33}	çi		si^{55}	ʃi^{51}
吃	ʃa^{55}	za	dzə	dza^{31}	tso^{21}

4.2 部分来源于景颇语自身结构"前短后长"模式的类推

景颇语的"一个半音节",有部分是由"并长双音节词"按"前短后长"型类推而来的。这从词义对比分析中就能看到。例如:

sǎ^{31}tʃap^{31}豪猪膻味(sǎ^{31}来自tum^{31}si^{33}"豪猪"si^{33}的弱化。tʃap^{31}为"辣"义。)
kǎ^{31}khje^{33}红土(kǎ^{31}来自ka^{55}"土"的弱化。khje^{33}为"红"义。)
wǎ^{33}tik^{55}咬紧的牙(wǎ^{33}来自wa^{33}"牙"的弱化。tik^{55}为"咬紧"义。)

类推力量不仅制约固有词的语音变化,而且还波及到近代的外来借词。景颇语的外来借词主要来自汉语、傣语、缅语等,其中汉语、傣语没有"一个半音节",景颇语借入这些语言的双音节词时,有的按景颇语语音规则改造为"一个半音节"。例如:

汉语借词:lǎ^{31}tse^{31} 李子   sǎ^{31}tse^{31} 席子   tʃǎ^{31}khui^{33} 石灰
傣语借词:pǎ^{31}tʃit^{31} 泥鳅   phǎ^{55}kji^{55} 香菜   phǎ^{33}ʒo^{33} 蒜
          ŋǎ^{31}ʒai^{55} 地域   mǎ^{55}khʒi^{55}sum^{33} 西红柿
          mǎ^{55}kho^{55}phun^{55} 刺枣树

缅语有"一个半音节",所以借用缅语的"一个半音节"词,也用"一个半音节"表达。例如:

kă³¹ti³¹ 亿　　　phă⁵⁵ʒa⁵⁵ 菩萨　　　să⁵⁵lik⁵⁵ 香烟　　　tʃĕ⁵⁵nan⁵⁵ 电报
să⁵⁵nat⁵⁵ 枪　　　să⁵⁵thi⁵⁵ 富人　　　să³¹pe⁵⁵ 弟子　　　să³¹ʒa³³ 老师

总之,从语音演变的角度看,景颇语的"一个半音节"在藏缅语复辅音向单辅音演化的过程中处于"中介"地位。因而,弄清弱化音节的性质、特点,有助于认识藏缅语的语音演变。

5. 用"一个半音节"构拟藏缅语声母从复辅音再到单辅音的演变链

藏缅语语音历史研究已取得这样一个共识:原始藏缅语有丰富的复辅音声母,后来出现了简化的趋势,但不同语言发展不平衡。这个认识是我们观察、判断景颇语"一个半音节"性质、来源的重要依据。

现代藏缅语的声母系统存在三种类型:一是有丰富的复辅音声母,如嘉戎语、道孚语、羌语、普米语等;二是只有单辅音声母或以单辅音声母为主,如哈尼语、傈僳语、缅语、载瓦语、阿昌语等;三是以只有单辅音声母或以单辅音声母为主,但有丰富的弱化音节,如景颇语、独龙语等。这三种类型的分布带有地区特点:第一种类型在藏缅语的北部地区,第二种类型在藏缅语的南部地区,第三种类型在藏缅语的中部地区。这三种类型在藏缅语的演变上存在内在的衔接关系,构成了一条"从复辅音声母的单音节词→单辅音声母的一个半音节词→单辅音声母的单音节词"的声母系统演变链。

这条演变链包括以下两步:第一步,单音节(复辅音声母音节由于复辅音结合松化,分离)变为双音节(弱化音节加单辅音声母音节);第二步,双音节(弱化音节加单辅音声母音节)由于弱化音节丢失再变为单音节(单音节声母)。

这应该是藏缅语音节单双演变的一条规律。我不敢说藏缅语复辅音声母的简化都要经过带"一个半音节"的双音节化阶段,但至少可以认为部分语言是要经过"半音节"这个阶段。有没有从复辅音声母音节直接向单辅音声母音节过渡的?目前还没有证据用来证明。但也有可能是,它曾经经历过"半音节"阶段,但没有历史文献可考,或目前的研究不够,还没有找到痕迹。

我想再扩大到汉语说几句。上古汉语已进入分析型语言,比如缺少形态,单音节词根发达。一些研究上古汉语的学者认为,上古汉语是有复辅音声母的,但后来复辅音声母消失了。但上古汉语以及后来的汉语未见有"一个半音节"。有两种可能:一是在漫长的上古汉语时期曾经有,但无文献可证,无从认识;二是复辅音声母的消失不经过"一个半音节",直接变成单辅音声母。

但我们看到,汉语在基本词中的一些单音节词,有许多是与景颇语的"一个半音节"词有同源关系。如:mă³³sum³³ 三、mă³¹li³¹ 四、mă³¹ŋa³³ 五、mă³¹tu̠t⁵⁵ 接、mă³¹nam⁵⁵ 闻、lă³¹ko³³ 脚、kă³¹tsu̠t⁵⁵ 擦、tʃă³¹khu³¹ 九,等等。这些同源词,应该能够为汉语的历史演变提供一些线索。对古代汉语的特点,我已无力展开,要由研究古代汉语的专家来解决。

6. 从共时窥见历时的几点体会

以景颇语"一个半音节"为个案,通过共时特点分析和亲属语言比较窥见其历时演变这一研究过程,我得到以下几点认识:

第一,从语言共时的特点及亲属语言比较探索语言的历时演变,应该是语言研究的一个可行的、有用的方法。特别是对于我国缺乏历史文献的少数民族语言来说,其作用会更大些。本文从景颇语共时的"一个半音节"呈现的各种现象,窥见了从藏缅语复辅音声母到一个半音节,再到单辅音声母一个音节的历时演变。这一研究,证明从共时研究历时是可行的。

第二,做好这一项研究,必须掌握与这一课题有关的语言资料,特别是对其中的"关键语言"(景颇语)要有比较系统、全面的认识,包括认清"一个半音节"的系统构造和不同成分之间相互制约、互相影响的关系,以及确认相关现象在亲属语言之间的前后关系。

第三,对应规律的确认是最重要的,这要从比较中根据比较要素的特点作出判断。但如果有计算语言学的量的统计和实验语音学的语音实验证据就更好了。

第四,少数民族语言对汉语史的研究有一定的作用,但目前对这一资源挖掘得很不够,今后应加强。

参考文献

戴庆厦.2015.景颇语弱化音节的历史来源//戴庆厦.戴庆厦文集(第六卷):庆祝戴庆厦先生八十华诞纪念文集.北京:中国社会科学出版社.

戴庆厦,王 玲.2014.景颇语弱化音节语音性质的实验研究.中央民族大学学报(哲学社会科学版),(5):154-159.

戴庆厦,徐悉艰.1992.景颇语语法.北京:中央民族学院出版社.

徐悉艰,肖家成,岳相昆,等.1983.景汉辞典.昆明:云南民族出版社.

On the Status of Jingpo Sesquisyllable in the Study of Sino-Tibetan Languages

Dai, Qingxia

Yunnan Normal University; Minzu University of China

Abstract: There is a great amount of literature on phonological evolution of Sino-Tibetan languages which has puzzled scholars for many years. The issues discussed include: the shift from consonant clusters to mono consonant; the shift from monosyllabic to multisyllabic lexicon; were there initial consonant clusters in Archaic Chinese (Old Chinese or earlier, i.e. proto-Chinese); what about other Sino-Tibetan languages? If there were, what happened?

A sesquisyllabic syllable, i.e., a syllable and a half, in Jingpo, is significant in both the synchronic and diachronic studies of Sino-Tibetan languages. It demonstrates the following attributes:

(1) highly frequent (and productive);

(2) particular of vowel (with only "i" and "a" allow half syllable), initial consonant (17 in 31 allow half syllable), rhyme (only monophthongs tolerates half syllable), and tone (high falling tone allows no half syllable);

(3) alternative (that is, for the same word, sesquisyllable and disyllable may coexist);

(4) meaningless (showing no lexical meaning). According to our investigation, the sesquisyllables in Jingpo came from initial consonant clusters in Tibeto-Burman languages or through analogy of final stress.

Being a fossil of language evolution, the existence of sesquisyllable helps to understand the development from initial consonant clusters to mono consonant. A cyclic evolution is thus observed: reduction drives the change from disyllabic structures into monosyllabic structures; and monosyllabic CV structures in turn develop into disyllabic words, while sesquisyllable exactly forms a bridge in these shifts.

Keywords: Jingpo; sesquisyllable; Sino-Tibetan languages; status; evolution chain

戴庆厦

云南师范大学汉藏语研究院　中央民族大学中国少数民族语言文学学院

daiqingxia111@163.com

韵律与上古汉语称呼语的几个问题

施向东

摘　要　称呼语是一个自成段落的韵律单位，至少应该是一个韵律词，那么，它不可能只含一个韵素。《论语》用例显示，当时人们的称呼可以用一个字来表达，说明单音节的韵素音步在语言中发生作用。同时，有迹象显示，双音节的称呼语正在成长，到汉代，称呼语已经是双音节为主，音节音步取代韵素音步是这个时代的显著特征。

关键词　称呼语　韵律词　韵素音步　音节音步

冯胜利（2012）指出，上古汉语中存在以韵素为节律单位的单音节音步。上古汉语称呼语包括人的名、字、身份，以及人称代词、敬称等，在先秦和两汉有较大的不同，称呼语往往可以独立成语，因此在体现韵律节奏方面有着独特的意义。本文探讨先秦两汉的文献，从称呼语的音节数量着手进行分析统计，从分析和统计的结果来观察先秦的韵素音步向两汉的音节音步的过渡。[①]

1. 先秦文献中的单音节称呼语

《论语》多处有这样的用例：

（1）子曰："由！诲女知之乎？知之为知之，不知为不知，是知也。"（《为政》）

（2）子曰："由！知德者鲜矣。"（《卫灵公》）

[①] 冯胜利（2001，2009）多次指出，汉语从先秦到两汉存在韵律系统的类型学变换，这是本文研究的契机，特此致谢。

（3）"求！尔何如？""赤！尔何如？""点！尔何如？"（《先进》）

（4）孔子曰："求！无乃尔是过与？"孔子曰："求！君子疾夫舍曰欲之而必为之辞。"（《季氏》）

孔子自称"丘"：

（5）（子）曰："丘未达，不敢尝。"（《乡党》）

（6）夫子怃然曰："……天下有道，丘不与易也。"（《微子》）

子夏自称"商"：

（7）子夏曰："商闻之矣：死生有命，富贵在天。"（《颜渊》）

孔子之子自称"鲤"：

（8）陈亢问于伯鱼曰："子亦有异闻乎？"对曰："未也。尝独立，鲤趋而过庭。……鲤退而学《诗》。……鲤退而学礼。"（《季氏》）

他称或称名，或称字，或称号，亦有不少单音节的。如：

（9）子曰："禹，吾无间然矣。"（《泰伯》）

（10）南宫适问于孔子曰："羿善射，奡荡舟，俱不得其死然；禹、稷躬稼而有天下。"（《宪问》）

（11）子曰："……赐不受命，而货殖焉，亿则屡中。"（《先进》）

其中"由、求、赤、点、丘、商、鲤、禹、羿、奡、稷、赐"都是单音节称呼语，是一个自成段落的韵律单位，至少应该是一个韵律词。

《论语》中存在单音节称呼语的现象不是此书独有的事实，在《左传》《国语》等先秦文献中也是习见的存在。如"段不弟，故不言弟"（《左传·隐公元年》）、"子产曰：'侨闻之，昔者鲧违帝命，殛之于羽山'"（《国语·晋语八》）云云，例多不繁举。有的观点认为，这里单音节称呼语或许可以与后续音节合起来成为双音节韵律词，不一定单独成语。我们认为，这样分析会遇到困难，比如上举"羿善射，奡荡舟"分析为"羿善-射，奡荡-舟"，无论如何是更不近情理，更难自圆其说的。

既然认为单音节称呼语是一个韵律词，那么，它不可能只含一个韵素。按照郑张尚芳（2019）的上古音构拟，"赤"*khljag、"稷"*sklɯg 是入声，有塞音韵尾 -g；"点"*teem、"商"*hljaŋ 是阳声，有鼻音韵尾 -m、-ŋ；"由"*lɯw 是阴声平声字，没有塞音和鼻音韵尾，但是它的 -w 尾也可以算作一个韵素；"鲤"*rɯʔ、

"禹" *Gʷaʔ 是上声字，有后置的 -ʔ 韵尾，因此它们加上元音各有两个韵素，构成一个双韵素的单音节音步，充当一个韵律词。至于"羿" *ŋees、"羿" *ŋaaws、"赐" *sleegs 三个去声字，本身的元音已经是长元音，又有后置辅音 -s，因此也具有构成音节音步的充分条件。

但是，"求" *gu、"丘" *khʷɯ 没有辅音韵尾，又是郑张尚芳主张的三等短元音，只含一个韵素，那怎么能够成为单音节音步，充当一个韵律词而成为独立的称呼语呢？由这一矛盾，我们怀疑上古音构拟中的长短元音说。我们主张，在单音节称呼语可以成立的先秦时代，存在单音节音步，而且不仅是阳声韵、入声韵的单音节可以成为音步，无韵尾的阴声韵单音节也可以成为音步。阴声韵的构拟，可以依照施向东（2015）的说法，参照藏语后加字 -ɑ（-ɦ），为阴声韵添加 -ɦ 韵尾，使所有上古汉语音节都具有双韵素，因此可以呈现先秦单音节称呼语独立成语的现象。

至于人称代词"吾" *ŋaa/graa、"我" *gaalʔ、"予" *la、"女" *njaʔ、"尔" *njelʔ、"朕" *lʼɯmʔ，在《论语》一书中充当称呼语是非常普遍的现象。据我们统计，《论语》一书，"吾" 113 见、"我" 做代词 46 见、"予" 做代词 23 见、"朕" 2 见、"女" 做代词 17 见、"尔" 做代词 20 见①，都是高频常见词。其中除"予" *la 字外，都具备构成单音节音步的条件。而按照上文我们的构拟，为阴声韵添加 -ɦ 韵尾，"予" *laɦ 同样具有双韵素，也具备独立成语的资格。

2. 先秦单音节音步正在逐渐让位于双音节音步

单音节音步正在逐渐让位于双音节音步这一现象不仅在诗歌节律中得到体现（施向东，2016），也在称呼语中表现出来。

称呼语中往往通过加入一个虚音节形成双音节称呼语，如《论语》：

（12）子曰："赐也，始可与言《诗》已矣！"（《学而》）

（13）子曰："……回也不愚。"（《为政》）

（14）子曰："参乎！吾道一以贯之。"（《里仁》）

（15）子曰："……鲤也死，有棺而无椁。"（《先进》）

---

① 本文中的统计数据（包括下文中的在内），均为文章作者自己搜索统计所得。或与前贤论著中的数据互有同异，如有错漏，概由本文作者负责。

（16）子曰："求也退，故进之；由也兼人，故退之。"（《先进》）

（17）子曰："由也，女闻六言六蔽矣乎？"（《阳货》）

在《论语》中，这种加虚音节的称呼语主要出现在呼格和主格的位置，而不见于宾格和修饰语的位置上。判断句表语的位置上却可以见到，如：

（18）子曰："语之而不惰者，其回也与！"（《子罕》）

（19）子曰："衣敝缊袍，与衣狐貉者立，而不耻者，其由也与！"（《子罕》）

根据我们的统计，《论语》中，这种单音节加一个虚音节的称呼语数量可观，不能等闲视之：

表1 《论语》一书中单音节称呼语和加虚音节称呼语的数量

单音节称呼语		加虚音节称呼语	
例词	数量/例	例词	数量/例
由	7	由也	14
回	4	回也	11
赐	1	赐也	11
求	6	求也	11
赤	3	赤也	4
参	0	参乎，参也	各1
雍	2	雍也	3
枨（只有"申枨"）	0	枨也	1
商	1	商也	3
师	2	师也	2
偃	2	偃也	1
鲤	4	鲤也	1
丘	9	丘也	3

从表1中可以看出，除了"丘、鲤、偃"三者单音节称呼语还占据优势外，其他的称呼语双音节者都已经占据了优势。这说明，单音节称呼语向双音节的发展已经迈开了脚步。

单音节称呼语向双音节的发展，还表现在敬称上。先秦敬称交谈对方为

"子",但是《论语》中有两例却称对方为"夫子"。

(20)"夫子何哂由也?"(《先进》)

(21)棘子成曰:"君子质而已矣,何以文为?"子贡曰:"惜乎,夫子之说君子也!驷不及舌。"(《颜渊》)

例(20)是曾皙当面问孔子的话,说成"子何哂由也?"意思也一样。例(21)是子贡当面称棘子成为"夫子",换成"子",指称对象也不变。众所周知,"夫"本为远指代词,"夫子"原意是"那位先生",避免了直呼尊者之名,但是因积久而凝固化了,因此不但可以他指,也被用来对指。这可以看出,一些词由于韵律的需要有时会发展出超乎词的原意的用法。"夫子"的这一用法,到《孟子》中就成为常用的用法了。如:

(22)王说曰:"《诗》云:'他人有心,予忖度之。'夫子之谓也。夫我乃行之,反而求之,不得吾心。夫子言之,于我心有戚戚焉。此心之所以合于王者,何也?"(《孟子·梁惠王上》)

先秦时对人的称呼有姓、氏、名、字、号等。《礼记·檀弓》:"幼名,冠字,五十以伯仲,死谥,周道也。"孔疏:"名以名质,生若无名,不可分别,故始生三月而加名。……人年二十有为人父之道,朋友等类不可复呼其名,故冠而加字。"因此,"字"是专门用于称呼语的。先秦人的字,不像后代那样总是双音节的,也有一些是单音节的。比如孔子弟子曾蒧字皙、颜无繇字路、左人郢字行、狄黑字皙、任不齐字选、燕伋字思、公夏首字乘、申党字周、颜之仆字叔、颜祖字襄、秦冉字开、颜何字冉、廉絜字雍(据《史记·仲尼弟子列传》),又琴牢字子开,一字张(据《孔子家语·弟子解》),等等。"字"以单音节形式存在,是先秦曾经存在单音节称呼语的又一个证据。当然,"字"还是双音节的居多,"字"的构成,一般情况是其中一个音节与其名相应,而另一个音节常常是程式化的或半虚义的,如排行字"伯/孟、仲、叔、季",或男子美称"子-、-父(甫)"等,如"仲尼、叔向、孟明、季路、子贡、子游、施父",等等。与其名相应的那个音节是比较固定的,而另一个音节有时是游移不定的,如"仲尼"或称"尼父","子路"亦称"季路"。甚至有人把名加上一个音节作为字,如孔子弟子漆彫开字子开、公冶长字子长(据《史记·仲尼弟子列传》),句井疆字子疆(据《孔子家语·弟子解》),等等。有时候那个半虚义的字甚至可以弃置不用,如孔子弟子颛孙师,字子张,《论语》中却单称他"张"。《子张》篇:"子游曰:'吾友张也,为难能也。然而未仁。'""曾子曰：'堂堂乎张也，难与并为仁矣。'"虽然弃置了"子"这个半虚字，却又加上了全虚的"也"字，可见，在那个时代称呼语的单音节形式与双音节形式正处在交替的过程中，双音节形式表现了正在生长的新的韵律特征。

3. 两汉时期称呼语双音节化的完成

《史记·仲尼弟子列传》介绍了孔子门生的名和字，是一篇重要的称呼语资料。《孔子家语·弟子解》继承了这些内容，但是细节上有一些出入。今本《孔子家语》是三国魏王肃撰集。通过这两篇文献细节的比较，可以看出，汉代已经将作为称呼语的"字"的单音节形式抛弃了，而改为双音节形式，详见表2。

表2 《史记·仲尼弟子列传》与《孔子家语·弟子解》姓名与"字"举例

《史记·仲尼弟子列传》		《孔子家语·弟子解》	
姓名	字	姓名	字
曾蒧	晳	曾点	子晳
颜无繇	路	颜由	季路
左人郢	行	左郢	子行
狄黑	晳	狄黑	晳之
任不齐	选	任子齐	子选
燕伋	思	燕伋	子思
公夏首	乘	公夏守	子乘
申党	周	申续	子周
颜之仆	叔	颜之仆	子叔
颜祖	襄	颜相	子襄
秦冉	开	（无）	

汉代初年尚有单音节形式的"字"，而后来趋于消失。《史记》中明确标出人物"字"的有20例，其中单音节者11例，双音节者9例，单音节者略多于双音节者。而《汉书》明确标出人物"字"的有179例，其中单音节者17例。17例中继承自《史记》的9例，其余8例中2例（张欧、枚乘）早于司马迁。晚于

司马迁者只有6例是单音节。可见，西汉初期尚有为数不多的人拥有单音节的"字"，西汉中后期"字"为单音节者几乎是凤毛麟角了。到了东汉，单音节的"字"几乎消失不见。《后汉书》记录了595个人的字，只有6例是单音节的。6例中有5例是女子的字，大有问题。《后汉书·南匈奴列传》说王昭君字嫱。但是按《汉书·匈奴传》说，王墙字昭君。这就是说女子之名与字多混淆。然则仅剩1例，即《后汉书·徐稚传》所附"李昙，字云"。按，此例也很可疑。袁宏《后汉纪》卷二十二《桓帝纪下》就作"李昙，字子云。"据此，我们可以认为：到上古晚期的东汉，人的"字"已经实现了双音节化。这从一个侧面反映了称呼语的双音节已经取代了单音节，汉语的韵律结构已经完成了双音节音步对单音节韵素音步的变换。①

4. 与称呼语有关的几个问题的进一步讨论

语言问题是复杂的，很难一刀切。既不能从历时的角度决然切出一个时间点，来分清双音节音步和单音节韵素音步各自通行的时代，也不能从共时的角度宣称某一时代的称呼语已经绝对地双音节化了。为了把问题理得更清楚一些，本节根据《世说新语》一书的材料进一步讨论两个问题。《世说新语》记载了汉末魏晋时代士林的事迹，有很多对话的记录，反映了上古末期到中古初期的口语的面貌，有利于我们对称呼语的观察。

4.1 称语与呼语的分析

称呼语在使用中可以分为称语与呼语，呼语是单独成句的呼格成分，不充当句子成分。称语则充当句子成分，可出现在主格、领格、宾格位置，用以指称人物。上古单音节音步存在时，呼语可以是单音节语，例句已见上文。东汉以后，单音节音步式微，因此呼语都是双音节成分充当，在《世说新语》一书中没有例外。如：

（23）太傅时年七八岁，著青布绔，在兄膝边坐，谏曰："阿兄，老翁可念，何可作此！"（《世说新语·德行》）

---

① 李果《从姓名单双音节选择看上古韵律类型的转变》（载于《古汉语研究》2015年第2期）一文尽管所据材料与本文不尽相同，但是总的看法是一致的。

（24）桓玄下都，羊孚时为兖州别驾，……桓见笺，驰唤前，云："子道，子道，来何迟！"用为记室参军。孟昶为刘牢之主簿，诣门谢，见云："羊侯，羊侯，羊百口赖卿。"（《世说新语·文学》）

（25）明早往，及未寐，便呼："子慎！子慎！"虔不觉惊应。（《世说新语·文学》）

（26）陈述为大将军掾，甚见爱重。及亡，郭璞往哭之，甚哀，乃呼曰："嗣祖，焉知非福！"（《世说新语·术解》）

（27）凭时年数岁，敛手曰："阿翁，讵宜以子戏父？"（《世说新语·排调》）

（28）孙秀既恨石崇不与绿珠，又憾潘岳昔遇之不以礼。后秀为中书令，岳省内见之，因唤曰："孙令，忆畴昔周旋不？"（《世说新语·仇隙》）

这些呼语，有的是人的字（如子道是羊孚字、子慎是服虔字、嗣祖是陈述字），有的是姓氏加官爵（如孙令是中书令孙秀），有的是姓氏加美称（如称羊孚为羊侯）。单音节亲属称谓不能胜任呼语，只能在句中充当称语。只有通过添加或替换的方法使之转化为双音节的形式，才能出现在呼语的位置，如"兄"添加前缀"阿–"变为"阿兄"，"公"转变为"翁"再加"阿–"变为"阿翁"。

称语也以双音节词语为主，但是遇到人称代词做称语时，仍然存在单音节称语的现象，例如：

（29）李元礼尝叹荀淑、钟浩曰："荀君清识难尚，钟君至德可师。"（《世说新语·德行》）

（30）边文礼见袁奉高，失次序。奉高曰："昔尧聘许由，面无怍色。先生何为颠倒衣裳？"文礼答曰："明府初临，尧德未彰，是以贱民颠倒衣裳耳。"（《世说新语·言语》）

（31）袁公问曰："贤家君在太丘，远近称之，何所履行？"元方曰："老父在太丘，强者绥之以德，弱者抚之以仁，恣其所安，久而益敬。"（《世说新语·政事》）

（32）士衡正色曰："我父祖名播海内，宁有不知，鬼子敢尔！"（《世说新语·方正》）

（33）谢公夫人教儿，问太傅："那得初不见君教儿？"答曰："我常自教儿。"（《世说新语·德行》）

（34）张苍梧是张凭之祖，尝语凭父曰："我不如汝。"（《世说新语·排调》）

上述例句中的称语，有的是双音节的敬称（荀君、钟君、先生、明府），有的是谦称（贱民），有的是蔑称（鬼子）。亲属称谓"父、祖"本来是单音节的，经组合、变换后或成为双音节语（老父），或成为三音节的超音步（贤家君、我父祖）。但是单音节人称代词（我、汝）或敬称（君）仍然存在。

从韵律的角度上看，上述情形可以归纳为一条韵律规则："**称语可轻，呼语必重。**"这里"可轻"，是指称语虽以双音节词语为主，但仍然存在单音节人称代词做称语的现象；"必重"是指呼语绝无单音节现象的存在。

4.2 对单音节人称代词做称语的韵律学解释

从上文的分析中我们可以看到，先秦时代称呼语已经有向双音节发展的趋势，但是单音节的称呼语仍然大量存在。西汉初年，单音节称呼语仍有残留，而到东汉基本上都让位于双音节称呼语了。但是人称代词却仍然保留单音节为主的状态。人称代词虽然是功能性的词，与名词不同，但是在句中充当称语的功能与名词性的称语是一致的。《世说新语》的对话中，人称代词和相当于人称代词的敬称、谦称词的使用情况见表3。

表3 《世说新语》人称代词以及敬称谦称使用情况

第一人称		第二人称		第三人称	
单音节	双音节	单音节	双音节	单音节	双音节
我 166[①]	我辈 5	汝 65	汝辈 1、汝等 1	伊 14	伊辈 1
吾 58	吾辈 1	尔 12	尔曹 1、尔等 1	彼 5	
余 5		卿 190	卿辈 4、卿等 2		
予 2		君 113	府君 6、使君 6、诸君 8、君辈 4、君侯 4		
朕 3		公 39	尊公 1、明公 12		
孤 4		子 12			
臣 32	微臣 2				
民 4	贱民 1				
身 3					
合计 277 + 9 = 286		合计 431 + 51 = 482		合计 19 + 1 = 20	

---

① 人称代词以及敬称谦称后的数字是指该词语在《世说新语》中出现的次数。

从上表可以看出,《世说新语》对话中第一人称和第二人称代词（以及谦称和敬称词）使用非常频繁,而第三人称代词却很少用。涉及对话双方外需要指称的对象,大多使用名词。因此我们的讨论集中在第一、第二人称代词上。在话语交际中,第一、第二人称代词在信息量上是很弱的,它们是交际双方已知的信息,因而它们不是话语的关注重心,也就是说它们不是句子的焦点,不承载句重音[1]。不承载重音的句子成分就可以是轻的,表现为音节少、弱、轻。我们可以概括为另一条韵律规则:**言轻则语轻**。如果在语用上需要强调那些成分,则可以通过添加或替换的方法来加重它,使之成为可以承载重音的双音节或多音节成分。比如:

（35）何次道、庾季坚二人并为元辅。成帝初崩,于时嗣君未定。何欲立嗣子,庾及朝议以外寇方强,嗣子冲幼,乃立康帝。康帝登阼,会群臣,谓何曰:"朕今所以承大业,为谁之议？"何答曰:"陛下龙飞,此是庾冰之功,非臣之力。于时用微臣之议,今不睹盛明之世。"帝有惭色。（《世说新语·方正》）

（36）荀巨伯远看友人疾,值胡贼攻郡,友人语巨伯曰:"吾今死矣,子可去！"巨伯曰:"远来相视,子令吾去,败义以求生,岂荀巨伯所行邪！"（《世说新语·德行》）

例（35）是通过添加音节的办法,在"臣"字前面加了一个"微"字,使"微臣"获得了承载对比焦点重音（与前句的"庾冰"对比）的分量;例（36）通过用名字替换第一人称代词的方法,使句子的重心落到了这个名字上,达到了**言重则语重**的表达效果。

先秦称呼语以单音节为主的格局,经过西汉的过渡,到东汉以后发展为以双音节为主,表明了汉语在韵律规则支配下的类型变化,即先秦基于韵素的单音节韵律词到汉以后基于音节的双音节韵律词的变化。汉以后的语言中,呼语只用双音节形式,称语则除了双音节形式外,也还使用单音节人称代词,我们将其概括为**"称语可轻,呼语必重"**的韵律学规则。称语不承载句子重音的可以用单音节人称代词,而承载句子重音的则要使用双音节词,这就是**"言轻则语轻,言重则语重"**的韵律学规则。

---

[1] 按,这里要排除带有对比焦点重音和逻辑重音的句子,如"尔为尔,我为我"（《孟子·公孙丑上》）、"庄子曰:'子非我,安知我不知鱼之乐？'惠子曰:'我非子,固不知子矣'"（《庄子·秋水》）之类。事实上,《世说新语》这类句子中带重音的指称语往往不使用单音节词,例见下文。

参考文献

冯胜利.2001.汉语双音化的历史来源//史有为.从语义信息到类型比较.北京：北京语言文化大学出版社.

冯胜利.2009.论汉语韵律的形态功能与句法演变的历史分期.历史语言学研究（第二辑）.北京：商务印书馆.

冯胜利.2012.上古单音节音步例证——兼谈从韵律角度研究古音的新途径.历史语言学研究（第五辑）.北京：商务印书馆.

李　果.2015.从姓名单双音节选择看上古韵律类型的转变.古汉语研究,（2）：58-66.

施向东.2015.关于上古汉语阴声音节的韵尾、韵素和声调问题的探讨//冯胜利.汉语韵律语法新探.上海：中西书局.

施向东.2016.先秦诗律探索.韵律研究（第一辑）.北京：科学出版社.

杨伯峻.1980.论语译注.北京：中华书局.

郑张尚芳.2019.上古音系（第二版）.上海：上海教育出版社.

Prosody and Several Issues on Address Forms in Archaic Chinese

Shi, Xiangdong

The Language Science Research Center, Tianjin University

Abstract: Address forms can often be independent from a complete sentence or act as a constituent of a sentence, so they have a unique significance in the expression of prosody and rhythm. Address forms are quite different between the Pre-Qin and Han dynasties. This paper probes into the document of the Pre-Qin and Han dynasties, analyses and counts the number of syllables of address, and observes the transition from monosyllabic address forms of the Pre-Qin Dynasty to disyllabic address forms of the Han Dynasty.

A. Monosyllabic address forms in Pre-Qin documents

There are many such use cases in *Lunyu* (《论语》, *The Analects of Confucius*). Such as:

Confucius said, "Gufi (求)! What will you do?" "Khljag (赤)! What will you do?" "Teem (点)! What will you do?"

(Confucius) said, "Kh^{w}ɯfi (丘) do not know the nature of the drugs, therefore I shall be afraid to use it."

Among them, "Gufi, Khljag, Teem" and "Kh^{w}ɯfi" are monosyllabic address forms, which are self-contained prosodic units. They should be at least a prosodic word with two moras.

B. Pre-Qin monosyllabic foot is gradually giving way to disyllabic foot

1. In the Pre-Qin Dynasty, address forms often add virtual syllables to form disyllable address forms, such as "赐也" and "参乎" and so on.

2. Address forms use monosyllables in the text, and disyllables in the dialog. It can be seen that in spoken language, disyllabic address forms have gradually taken the dominant position, while in written language they still lag behind.

3. In ancient times, people have *biaozi* (alias related to the meaning of names) besides their names. *Biaozi* was a specialized address form. Pre-Qin *biaozi* are monosyllabic and also disyllabic. It can be seen that the monosyllabic and disyllabic address forms in that era are in the process of alternation.

C. The disyllabization of address forms in Han Dynasty has been completed

1. *Zhongni Dizi Liezhuan* (*Biography of Disciples of Confucius*) of the history book *Shiji* (史记) in the early Western Han Dynasty introduces the names and *biaozi* of Confucius's disciples. The book *Kongzi Jiayu* (《孔子家语》) compiled by Wang Su (王肃) of the Three Kingdoms Period, inherited these contents, however abandons the monosyllabic *biaozi* of the former and changes it into a disyllable form.

2. There are 20 cases in *Shiji* which clearly mark *biaozi* for its biographical objects, including 11 cases of monosyllabic and 9 cases of disyllaic. There are 179 clearly marked *biaozi* in the history book *Hanshu* (《汉书》), of which 17 are monosyllabic.

The history book *Houhanshu* (《后汉书》) records 595 *biaozi*, only 6 of which are monosyllabic. We can think that by the late Eastern Han Dynasty, people's *biaozi* had been disyllabic, which reflected from one aspect that the disyllabic address forms had replaced the monosyllabic ones, and the prosodic structure of Chinese had completed the transformation from the disyllabic to the monosyllabic.

D. Further discussion on two issues related to address forms

Address forms can be divided into vocative and appellation forms. Vocative does not act as a sentence element. Appellation acts as a sentence element and can appear in the nominative, genetive and accusative positions to refer to somebody or something.

In Chinese language after the Han Dynasty, vocative only uses disyllables. In addition to the disyllabic word, appellation also uses monosyllabic personal pronouns. We summarize the prosodic rules that "appellation can be light, and vocative must be heavy".

When addressing words do not carry sentence stress, monosyllable personal pronouns can be used, while disyllabic word must be used when carrying sentence stress. This is the prosodic rule that "light intonation uses light words, and heavy intonation uses heavy words".

Keywords: address forms; prosodic word; foot from mora; foot from syllable

施向东
天津大学语言科学研究中心
hyshixd@nankai.edu.cn

普通话动词拷贝句的拷贝机制研究述评*

柳 娜

摘 要 本文旨在对普通话动词拷贝结构的拷贝机制从句法运作和韵律两个方面评价和分析以往的研究,指出这些研究存在的问题,本文结论是动词拷贝结构的拷贝动因需要进一步研究。

关键词 普通话动词拷贝结构 拷贝动因 句法 韵律

1. 引言

动词拷贝句(verb-copying structure)是普通话的一种特殊句式,其形式为"S-(V_1+O)+(V_2+C)",其中两个动词V_1和V_2是一样的,O是第一个动词的宾语,C可以是结果补语、表持续或频率的词语、方式副词,分别如例(1)~(3)所示。

(1)a. 他骑马骑得很累。(结果补语指向主语的解读)

b. 他打李四打得很惨。(结果补语指向宾语的解读)

---

* 本文曾在天津市语言学会2017年学术年会(2017年10月21日,天津大学)、第二届句法制图国际研讨会(2017年10月28日—29日,北京语言大学)以及第五届韵律句法研究国际研讨会(ICCPG-V,2018年7月14日—15日,复旦大学)上宣读。文章写作期间,承黄正德、冯胜利、蔡维天、Victor Junnan Pan、赵琛、刘丽媛、马宝鹏等先生提供宝贵意见,《韵律语法研究》编辑部及匿名评审专家提供了宝贵修改意见,谨此一并致谢。本文是天津市哲学社会科学规划重点项目(#TJWW18-019)的成果之一。

(2) a. 他看书看了三个小时（C=表持续短语）

　　b. 他去北京去了三次（C=频率副词）

(3) 他跑步跑得很快（C=方式副词）

文献中，这种句式又称"动词重复结构"（如黄月圆，1996）、"动词复制句"（如程工，1999）或"重动句"（项开喜，1997；唐翠菊，2001；杨大然、程工，2013等）。从这些名称可以看出，大多数学者认为，这种句式中的两个动词不是相互独立的，其中一个动词是另一个动词的复制品。动词拷贝句研究的热点问题之一是拷贝的动因，主要有以下研究思路。（一）结构主义的分析，主要围绕宾补争动说进行（王力，1944；刘雪芹，2003；孙红玲，2005；等等）；（二）功能主义和认知语言学框架下的分析，研究涉及两个方面：(1) 拷贝句所表达的语义、功能特点及其动因（项开喜，1997；吕映，2001；魏扬秀，2001；等等）；(2) 拷贝句句法结构的功能表达（戴浩一，1994；Tai, 1999；Liu, 1995；陈忠，2012）；（三）生成语法框架下的分析（Huang, 1982；黄月圆，1996；杨寿勋，2000；熊仲儒，2004，2017；Cheng, 2007；王奇，2016；张孝荣，2017；等等）；（四）韵律视角的分析（Feng, 2009；刘丽媛，2019）。本文主要从句法运作和韵律两方面对拷贝动因的研究进行述评，认为它们各有优势和不足，动词拷贝的动机仍值得进一步研究。

2. 动词拷贝动因

2.1 来自句法的解释

2.1.1 短语结构限制

Huang（1982）提出，汉语在S-结构上必须满足"短语结构限制"条件（Phrase Structure Constraint，或PSC）。该条件规定动词中心语的投射除了在短语结构的最低层（V'）是向左分枝以外，在其他层次（X"及以上层次）中一律向右分枝。因此，如果动词有两个补足语（complement），其中一个必须移开。动词拷贝是满足这一限制条件的手段之一。在Huang（1982）的分析中，"我骑马骑得很累"这个句子的生成方式如例（4）a、b所示。首先生成［我骑马得很累］的结构〔如例（4）a所示〕，由于这个结构违反了PSC，动词"骑"被拷贝与"得很累"合并生成一个新的V'，而原来的V-O组合"骑马"变成了新生成的V'动词组的附加语（adjunct）〔如（4）b 所示〕。

（4）a.

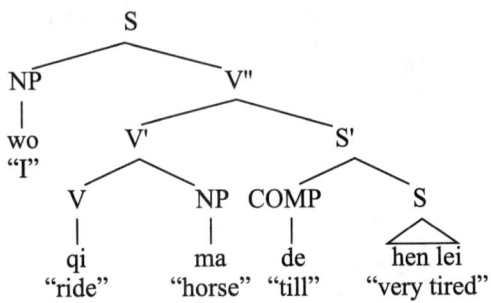

b.

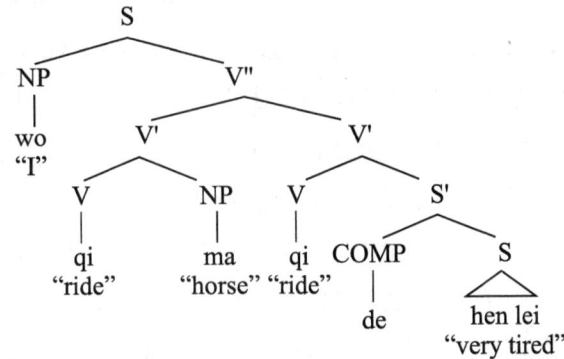

PSC 具有高度的概括性和理论解释性，可以解释大部分动词拷贝的动机〔如例（1）、（2）a、（3）〕，但也有一小部分现象不能纳入其中，如（2）b。Cheng（2007：154）及 Feng（2009：217～218）也指出 PSC 具有类似的问题，如例（5）所示。例（5）a 中动词"等"后面跟着两个成分：定指宾语"张三"和表动作持续的短语"半天"，这违反了 PSC，但句子依然合法，说明 PSC 本身有问题而且可能不是动词拷贝的动机。Cheng（2007：154）还指出，有些没有违反 PSC 的结构也可以发生拷贝：例（6）a 中动词"骑累"的后面只有一个成分"（那匹）马"，没有违反 PSC。如果 PSC 是动词拷贝的动机，例（6）a 中的动词不应该拷贝，也就不能生成例（6）b。

（5）a. 我等了张三半天　　　　　（Cheng, 2007：154）

　　 b. 我等张三等了半天

（6）a. 张三骑累了（那匹）马。

　　 b. 张三骑（那匹）马骑累了。

其实，Huang（1994：24～25）对 PSC 也进行了反思，认为 PSC 作为一条语法限制原则没有存在的必要。对于 PSC 所涉及的语法现象可以用 X'- 理论和动词移位理论加以解释：首先，Huang（1994：15）假设汉语短语结构的基本事实用 X'- 理论可以概括为如下模式：

（7）XP → YP X'

（8）X' → YP X'

（9）X' → a. X^0 YP iff X=[+v]

　　　　 b. YP X^0 otherwise

如（7）～（9）所示，汉语基本是中心语后置（head-final）语言，只有在具有 [+v] 特征的中心语（如 V^0 或 P^0）选择其补足语（complement）时才表现为中心语前置（head-initial）。由于 X'- 模式是双分枝结构，汉语表现为动词/介词中心语后面只能选择一个补足语。如果出现两个补足语，其中一个就要通过话题化、被动化或"把"字结构等方式移走或采用动词拷贝结构表达。

而对于这一假设的表面上的一些反例〔如例（5）〕，Huang 认为可以用 Larson（1988）的 VP- 壳理论中的动词移位来解释，如（10）所示：V^0 "等"的宾语"张三"基础生成于底层 VP2 的指示语（specifier 或 Spec）位置，"等"由 VP2 的中心语位置上移到 VP1 的中心语位置，生成"我等了张三半天"。

（10）[$_{VP1}$ 我 [$_{V'}$ V^0 等 [$_{VP2}$ NP 张三 [$_{V'}$ t_v XP 半天]]]]

而对于"*我看了书半天"这样的不合法句子，Huang 观察到其中动词宾语"书"与（10）中的动词宾语不同，是光杆名词（bare noun），与动词合并形成复杂谓语，"看书"相当于英语中的单个动词 read。此时，光杆名词宾语与时间/频率副词争夺动词后的唯一补语位置并与之形成复杂谓语，而动词拷贝是解决这一争端的方法之一。

Huang（1994：33～34）的研究可以避免 PSC 所遇到的挑战，但其将动词拷贝后先生成的 VP 变成附加语（adjunct）的假设也遇到一些问题，如（11）所示。

（11）这件礼物我 [$_{VP1}$ 送他 <gap>] [$_{VP2}$ 送得很好]。

Fang & Sells（2007：5）提出，（11）的底层结构是"我 [$_{VP1}$ 送他这件礼物] [$_{VP2}$ 送得很好]"，动词 V1 "送"的直接宾语"这件礼物"话题化后生成（11）。

如果按照 Huang 对动词拷贝句的分析，VP1 是附加语，"这件礼物"就不能从 VP1 中移出，否则就会违反"提取域限制"（Condition on Extraction Domain 或 CED，Huang，1982）。

2.1.2 题元特征核查要求

Cheng（2007：155）注意到了结果性动词拷贝句的歧义现象。例（12）有两个意思：或指他很累，或指马很累。

（12）他骑那匹马骑得很累。

基于 Nunes（2004）的移位理论和 Sybesma（1999）对汉语结果补语结构的分析，Cheng（2007）提出主语指向的结果性动词拷贝句含侧向移位（sideward movement）。以（1）a"他骑马骑得很累"为例，它的句法生成过程如（13）～（15）所示：

（13）[$_{IP}$ ___ [$_{VP}$ 骑 [$_{deP}$ 得 他 很 累]]]

（14）[$_{VP}$ v 骑 [$_{deP}$ ...]]   v 骑 ⟵⟶ 马（侧向移位）
　　　　　　拷贝　　　　　　合并

（15）他$_i$ [[$_{VP1}$ 骑马][$_{VP2}$ 骑得 t$_i$ 很累]]

在（13）中，小句"他很累"形成后再与中心语"得"合并生成"得"字词组 deP。deP 与动词"骑"合并形成 VP"骑得他很累"，小句"他很累"的主语"他"提升到整个句子主语位置生成"他骑得很累"。在动词拷贝句中，动词"骑"拷贝后经过侧向移位与"马"合并生成 VP"骑马"。"骑马"嫁接到先前生成的 VP"骑得很累"上就形成了"他骑马骑得很累"，如（14）、（15）所示。

与主语指向的动词拷贝句不同，宾语指向的动词拷贝句的生成含有"标准移位"。例（1）b 的句法结构如（16）所示。

（16）[$_{vP}$ 他　v 打 [$_{VP}$ 李四 [$_{V'}$ v 打 [$_{deP}$ 得 [$_{XP}$ 李四 很惨]]]

（16）显示小句 XP"李四很惨"与"得"合并生成 deP，deP 再与动词"打"合并生成 V'，"李四"移位到 Spec,VP 位置，动词"打"从 V 移到 v，两个"打"都得以保留，形成了拷贝结构。移到 v 的动词相当于"把"。如果移位不发生而是在 v 处插入"把"就形成了"把"字句。

至于为什么动词移位后两个拷贝都可以拼读出来而不违反线性对应定理（Linear Correspondence Axiom，或 LCA，Kayne，1994），Cheng（2007）受 Nunes（2004）研究的启发，假设动词的第二个拷贝与"得"发生了词项融合（lexical fusion），LCA 看不到"V-得"的内部结构，因此两个动词都可以拼读出来而不违反 LCA。Cheng（2007）还将词项融合推广到带表持续或频率补足语的动词拷贝句中，如例（17）所示。

（17）a. 他看那本书看了三次。（Cheng，2007：164）

b. 他看那本书有三次了。（Cheng，2007：165）

Cheng（2007）认为（17）a 与（17）b 语义一样，也就是说动词拷贝句（17）a 中的动词可以与动词"有"互换且意思不变，所以（17）a 句中含有一个无形的"有"（相当于结果补语结构中的"得"）。由于第二个动词"看"与无形的"有"结合，两个"看"就有了区别，可以都拼读出来而不违反 LCA，从而形成动词拷贝句。

受 Hornstein & Nunes（2002）研究的启发，Cheng（2007）进一步假设拷贝的触发机制是"题元特征核查需求"（θ-requirements），而在例（18）、（19）这两句中，由于动词"哭"是不及物动词，没有题元特征核查要求，不能形成拷贝结构。

（18）*他哭手帕哭得很累（主语指向）

（19）*他哭手帕哭得很湿（宾语指向）

Cheng（2007）的分析避免了 PSC 作为拷贝动机所遇到的困难，也很好地解释了动词拷贝可以保留的原因，但这个分析也存在一些问题。

首先，将"题元特征核查需求"作为动词拷贝的动机无法解释带假位宾语（dummy object）的动词拷贝句（冯胜利，私下交流）。假位宾语指在汉语的一些 VO 结构中，宾语 O 是无意义的，无指称的，O 的存在不为 VO 组合添加任何意义。VO 组合相当于英语中的单个不及物动词，如（20）所示。

（20）汉语　　　　　　　　　英语

　　　吃饭　　　　　　　　　eat

　　　跑步　　　　　　　　　run

　　　走路　　　　　　　　　walk

　　　……　　　　　　　　　…

这些假位宾语结构可以形成动词拷贝结构，如例（21）、（22）所示：

（21）他跑步跑累了。

（22）他走路走了三个小时。

在例（21）、（22）中，"跑"和"走"都是非作格动词，语义上不需要宾语，所以不能说它们所形成的动词拷贝句是由动词语义上对宾语的需求（即θ-requirements）所驱动的。除了假位宾语情况，含非内部论元的动词拷贝结构〔如（23）所示〕也对"题元特征核查驱动动词拷贝"假设提出了挑战。①

（23）a. 他跑马拉松跑出了第一名的好成绩。

　　　b. 他切这把刀切得手疼。

其次，"题元特征核查需求"也无法解释 V2 带数量词宾语的拷贝句。在例（24）中，数量词短语"三本"可以作为 V2"买"的宾语来满足其在语义上对宾语的需求，为什么动词拷贝仍可以发生？

（24）张三买书买了三本。

再有，如果像 Cheng（2007）假设的那样 V2 先生成，再拷贝生成 V1，那么无法解释"他幽默幽得口干舌燥"或"他幽默幽得很有技巧"之类的拷贝句，因为"幽默"是一个外来音译词，单独一个"幽"字毫无意义，在大脑词库中是不存在的，不可能基础生成，也不可能通过拷贝找到其宾语"默"并与之合并（黄正德，私下交流）。

2.1.3　论元结构整合需求

施春宏（2010）认为，拷贝的动因是论元结构的整合和配位方式的需求。动词拷贝句中含有使因事件和使果事件。在使因事件的客体论元跟使果事件中的任何论元都不同指的情况下，述补结构不能完全包装表达事件结构的语义结构成分及其关系，用拷贝动词来提升不能直接提升的底层论元。以（25）为例，动词拷贝句（25）a 中含有两个事件，如（25）b 所示：使因事件"孩子读这种书"和使果事件"孩子傻了"。使因事件中的客体论元"这种书"在使果事件中不担任任何语义角色。因此，述补结构"读傻"不能整合形成"*孩子读傻了这种书"这样的结构，而只能用动词拷贝句才能有效地安排由底层论元结构提升上来的每个论元。而在例（26）a 中当使因事件的客体论元"这辆车"也在使果事件中担

---

①　感谢匿名评审专家指出这一现象。

任论元时,如例(26)b所示,述补动词"骑坏"就可以整合底层论元结构提升上来的所有论元而形成简单的述补句式,如例(26)c,而不会形成动词拷贝句例(26)a。

(25) a. 孩子读这种书读傻了。

　　　b. 孩子读这种书 → 孩子傻了

(26) a. *孩子骑这辆车骑坏了。

　　　b. 孩子骑这辆车 → 这辆车坏了

　　　c. 孩子骑坏了这辆车。

施春宏的分析可以较好地回答长期以来学者们提出的"宾补争动"说中"为什么争"以及"如何争"的问题。但是,他的假设还是要面对一些难以解释的语料,如例(27)所示。

(27) a. 孩子写这个字写错了。

　　　b. 孩子写这个字 → 这个字错了

　　　c. 孩子写错了这个字。

例(27)b显示客体论元"这个字"既是使因事件也是使果事件的论元,按照施春宏的假设,拷贝句"孩子写这个字写错了"不能生成,这与语言事实不符,如(27)a所示,而且(27)b这样的底层论元结构还可以形成简单的述补结构,如(27)c所示。

2.1.4 基础生成说

一些学者认为,"拷贝句"不涉及拷贝或移位,两个动词都是基础生成的。王奇(2016)发现,所有动词拷贝句都有对应的伪拷贝句,如例(28)a、b所示,拷贝句和伪拷贝句在句法结构上相同。因此,拷贝句中的两个动词在结构上既没有移位也没有拷贝关系,两个动词都是基础生成,如(29)所示。

(28) a. 张三踢足球经常踢人。(拷贝句)

　　　b. 张三踢足球经常撞人。(伪拷贝句)

(29) [$_{VoiceP}$ DP [$_{Voice'}$ VP1 [$_{Voice'}$ Voice VP2]]]

这种解释需要回答的一个问题是为什么在某些情况下"拷贝"是必须的,如(30)所示,其中第二个动词只能用"读"而不能替换成与"读"意思相近的词,如"看"。

(30) *张三读书看了一个上午。(杨大然、程工,2013)

王奇将此归因于语用：当要表达的两个动词语义相同时，就使用两个一样的动词，即"拷贝"发生；当要表达的语义不同时，就使用不同的动词，此时出现伪拷贝情况。

熊仲儒（2017）将重动句分析成致使句式，其中的 VP1 是致事，处于 Spec, CausP 位置，具有名词性。因此，"他骑马骑累了"的部分结构就是"他$_i$ ……骑马 Caus [$_{VP}$ t$_i$ [骑 t$_i$ 累]]"，两个动词都是基础生成。充当致事的活动可以是主动词所描述的活动，也可以是与主动词相关的动词所描述的活动，前者导致动词拷贝。

张孝荣（2017）也在基础生成说的框架下对重动句的句法结构进行了探讨。他假设动宾成分 VP1 具有话题或焦点属性，V2 具有不可解释的 [THETA] 特征，并用最简方案下的特征存活和核查理论对动词指向（如"他想儿子想多了"）、动词和宾语指向（如"老师出题出难了"）及动词和主语指向（如"他骑马骑得很累"）三类重动句进行了统一解释。

这些基础生成说下的解释都面临一个挑战，就是如何解释前面提到的含有外来音译词的拷贝结构。例如"他幽默幽得口干舌燥"这句中，"幽默"是从英语音译过来的词，"幽"离开"默"在大脑词库中不存在，因此在句法生成过程中是不能从词库中直接抓出来合并到相应的句法位置的。

2.2　来自韵律的解释

Feng（2009：224）假设动词拷贝是句法操作，但其动因是核心重音规则（Nuclear Stress Rule，简称 NSR）：在汉语中，只要动词组 V' 后面有一个能够承载核心重音的成分（nuclear stress target，如表持续或频率词组），动词拷贝就会发生。以（1）a"他骑马骑得很累"为例，这句话的底层结构是："他骑马得很累"，由于动词组 V'"骑马"后面的成分"得很累"需要承载但无法得到核心重音，动词拷贝操作启动。

Feng 的研究中还提到韵律规则驱动动词拷贝的假设可以得到以下证据的支持：首先，当违反 PSC 的结构处于核心重音规则管辖范围之外时，拷贝不发生，如（31）所示：

（31）他 [读书三天] 只读了两页。

按照 Huang（1982）的假设，（31）中被拷贝的短语"读书三天"的结构违反了PSC，因为动词"读"的后面有两个成分"书"和"三天"，拷贝应该发生，但实际上可以不发生，如（31）所示。对此，Feng的解释是由于被拷贝的短语处于附加语（adjunct）位置（Huang，1982），根据Feng（1995，2003）提出的"基于管辖关系的核心重音原则"（Government-based Nuclear Stress Rule 或 GNSR），附加语不受管辖，得不到核心重音，核心重音落到第二个"读"上，而被拷贝的动词组"读书三天"落到了核心重音规则范围之外，所以即便违反了PSC也不会发生拷贝。这个例子证明动词拷贝与核心重音规则有关。此外，例（31）中动词"读"还可以进行不止一次的拷贝（如"他读书读三天只读了两页"），这样的问题用PSC或词项融合很难解释，但在核心重音规则下可迎刃而解。再有，前面提到的句法理论框架下很难解释的含虚位宾语和外来音译词的动词拷贝现象在Feng（2009）提出的核心重音规则下也都不成问题。

即便有上述优势，韵律触发拷贝说也有一个问题，如例（32）所示：

（32）张三每天打他三次。

其中，"打"的宾语"他"是代词。按照Feng（2009）假设的"不可见条件"（Invisibility Condition），代词在韵律分析中不可见，不承载核心重音。因此，"打"后面只有"三次"承载核心重音，动词拷贝可以发生也可以不发生。但问题是如果动词拷贝发生，如例（33）所示，那么其触发因素又是什么呢？

（33）张三每天打他打三次。

受匿名评审专家的启发，我们或许可以考虑如此回答这个问题：在思考韵律动因时，可以从不合法的现象出发，不合法的韵律结构触发句法运作。当某种结构产生之后，可以由其他原因选择是否使用这种结构。与之类似，趋向动词做补语的结构，如"拿一本书进来""拿进一本书来""拿进来一本书"三种说法都有。如果是某种原因触发了句法并入，但也不意味着原有不并入的用法消失，而具体选择哪种用法，应该跟所要表达的语义和所使用的相应句法结构有关。

3. 结论

从上文的分析中我们可以看到，句法和韵律解释动词拷贝的机制都还存在一些问题，或许动词拷贝是语义、句法、语用和韵律共同作用的结果，这些问题都值得进一步研究。

参考文献

陈　忠．2012．"结构—功能"互参互动机制下的重动句配置参数功能识解．中国语文，（3）：225-237．
程　工．1999．语言共性论．上海：上海外语教育出版社．
戴浩一．1994．以认知为基础的汉语功能语法刍议//戴浩一，薛凤生．功能主义与汉语语法．北京：北京语言学院出版社．
黄月圆．1996．把/被结构与动词重复结构的互补分布现象．中国语文，（2）：92-99．
刘丽媛．2019．拷贝结构产生的深层机制——句法、韵律的相互作用．古汉语研究，（4）：75-86．
刘雪芹．2003．现代汉语重动句研究．复旦大学博士学位论文．
吕　映．2001．汉语重动句式的语义特征和语用功能．杭州师范学院学报（人文社会科学版），（3）：71-75．
施春宏．2010．动词拷贝句句式构造和句式意义的互动关系．中国语文，（2）：99-113．
孙红玲．2005．现代汉语重动句研究．北京语言大学博士学位论文．
唐翠菊．2001．现代汉语重动句的分类．世界汉语教学，（1）：80-86．
王　力．1944．中国语法理论．重庆：商务印书馆．
王　奇．2016．动词拷贝句的非拷贝分析．现代外语，（3）：305-313．
魏扬秀．2001．重动句原因解释功能分析．北京语言文化大学硕士学位论文．
项开喜．1997．汉语重动句式的功能研究．中国语文，（4）：260-267．
熊仲儒．2004．现代汉语中的致使句式．合肥：安徽大学出版社．
熊仲儒．2017．汉语重动句的句法分析．华文教学与研究，（2）：72-80．
杨大然，程　工．2013．线性对应定理与汉语重动句的词项融合．外国语，（4）：37-46．
杨寿勋．2000．再论汉语中的动词复制．现代外语，（4）：394-400．
张孝荣．2017．重动句的句法结构及其生成研究．解放军外国语学院学报，（2）：33-41．

Cheng, Lisa L.-S. 2007. Verb copying in Mandarin Chinese. In Norbert Corver and Jairo Nunes. *The Copy Theory of Movement/Linguistics Today* (No. 107). Amsterdam: John Benjamins Publishers. 151-174.

Fang, Ji & Sells, Peter. 2007. A formal analysis of the verb copy constructions in Chinese. In Tracy Holloway King and Miriam Butt. *Proceedings of the LFG07 Conference*. 198-213. https://web.stanford.edu/group/cslipublications/cslipublications/LFG/12/pdfs/lfg07.pdf#page=198 [2018-10-03].

Feng, Shengli. 1995. *Prosodic Structure and Prosodically Constrained Syntax in Chinese*. PhD dissertation, University of Pennsylvania.

Feng, Shengli. 2003. Prosodically constrained postverbal PPs in Mandarin Chinese. *Linguistics* 41.6: 1085-1122.

Feng, Shengli. 2009. A theoretical exploration of prosodic syntax. 语言学论丛（第三十九辑）．北京：商务印书馆．

Hornstein, Norbert & Nunes, Jairo. 2002. On asymmetries between parasitic gap and across-the-board constructions. *Syntax*, 5: 26–54.

Huang, C.-T. James. 1982. *Logical Relations in Chinese and the Theory of Grammar*. PhD dissertation, MIT.

Huang, C.-T. James. 1994. More on Chinese word order and parametric theory. In Barbara Lust, et al. *Syntactic Theory and First Language Acquisition: Crosslinguistic Perspectives* (Vol. 1): *Phrase Structure*. Hillsdale, NJ: Lawrence Erlbaum Associates. 15-35.

Kayne, Richard. 1994. *The Antisymmetry of Syntax*. Cambridge MA: The MIT Press.

Larson, Richard. 1988. On the double object construction. *Linguistic Inquiry*, 19.3:335-391.

Liu, Xianmin. 1995. *On the Verb-Copying Construction in Mandarin Chinese*. PhD dissertation, University of Minnesota.

Nunes, Jairo. 2004. *Linearization of Chains and Sideward Movement*. Cambridge, M.A.: The MIT Press.

Sybesma, Rint. 1999. *The Mandarin VP*. Dordrecht: Kluwer Academic Publishers.

Tai, James H.-Y. 1999. Verb-Copying in Chinese Revisited // 殷允美，杨懿丽，詹惠珍. 中国境内语言暨语言学·第五辑·语言中的互动. 台北：台湾研究院语言学研究所筹备处.

Tsao, Feng-fu.1987. On the so-called "verb-copying" construction in Chinese. *Journal of the Chinese Language Teachers Association*, 22.2:13-43.

A Review on the Analyses of the Mechanism of Mandarin Verb-Copying

Liu, Na

Foreign Studies College, Tianjin Normal University

Abstract: The Mandarin verb-copying structure is in the form of "S-(V_1+O)+(V_2+C)", in which the verbs V_1 and V_2 are the copies of the same verb, S is the subject, and O the object, and C is the complement of V_2 denoting the extent, result, duration, frequency, manner, etc. This paper aims to make a critical review of the studies on the motivation of the copy operation from the perspectives of syntax and prosody.

Endeavors have been made by syntacticians to probe into this problem. Huang (1982:33-34) assumes that Mandarin observes Phrase Structure Constraint (PSC). That is, in a Mandarin sentence, the verb head can be followed by no more than one constituent. When there is a PSC violation as in (1), in which the verb *qi* "ride" has two complements to its right (the NP argument *ma* "horse" and the resultative *de*-phrase *de hen lei* "DE very tried"), verb-copying is one of the ways to save the otherwise ill-formed structure.

(1) *wo qi ma de hen lei
    I ride horse DE very tired
"I rode the horse and became tired as a result."

Although PSC has strong explanatory power, it is not without its problems. As pointed out by Cheng (2007:154) (and also Feng, 2009), some PSC-violation sentences are grammatical, as in (2), in which the verb "wait" is followed by the NP argument *Zhang San* and the duration phrase *bantian* "half day". Besides, some non-PSC-violation structures like (3a) allow verb-copying as (3b). Actually, Huang (1994) also realizes that PSC does not have independent status as a constraint and proposes that the PSC effects can be ruled in or out by X'-Theory and VP-Shell hypothesis.

(2) *wo deng-le   Zhang San bantian*
    I wait-PERF Zhang San half-day
"I have waited for Zhang San for a long time."

(3) a. *ta qi-lei-le*   (*nei-pi*) *ma*   (*qi-lei* = Resultative compounds)
    he ride-tired-PERF   that-CL horse
"He rode the horse and the horse became tired."

   b. *ta qi (nei-pi) ma qi-lei-le*
    he ride that-CL horse ride-tired-PERF
"He rode and got tired." (Not: the horse is tired)

Cheng (2007) supposes that the copy operation is triggered by θ-requirements (in light of Hornstein and Nunes, 2002). As shown in (4), when the verb *qi* "ride" merges with the resultative *de*-phrase to form VP2, its θ-feature for the internal argument remains unchecked and can be checked by copying the verb and side-moving it to merge with the theme argument *ma* "horse" to form VP1.

(4) ta$_i$ [[$_{VP1}$ qi   ma] [$_{VP2}$ qi   de t$_i$ hen   lei   ]]
    he   ride horse   ride DE   very tired

This mechanism for verb-copying encounters some difficulties in dealing with the copying structures involving dummy objects (e.g. *bu* "step" in (5) (Shengli Feng p.c.), or non-canonical objects (e.g. *zhe-ba dao* "this knife" in (6). In addition, the mechanism cannot explain the derivation of some copying structures involving transliteration loanwords or idiom chunks. As in (7), "humor" is a transliteration loanword. Without *mo* "-mor", *you* "hu-" is meaningless. Therefore, it is impossible that the verb *you* "hu-" is copied due to the requirement for theta-role assignment (C.-T. James Huang p.c.).

(5) *ta pao bu pao de hen kuai*
    he run step run DE very fast
    "He runs very fast."

(6) *ta qie zhe-ba dao qie de shou teng*
    he cut this-CL knife cut DE hand ache
    "He cut (something) with this knife until he got his hand ache by cutting."

(7) *ta youmo you-de kou-gan   she-zao*
    he humor hu-DE mouth-dry   tongue-scorched
    "He humored too much until his mouth got dry."

There are also some linguists (Wang, 2016; Xiong, 2017; Zhang, 2017) who argue that there is neither copying nor movement in the formation of "verb-copying" constructions. Both V_1 and V_2 are selected from the lexicon and base-generated. However, all these assumptions cannot explain the derivation of the cases like (7) because a loanword exists as a whole in the lexicon.

There seems to be no pure syntactic reasons why verbs need to be reduplicated. Hence, Feng (2009: 224) seeks for an explanation from the perspective of prosody. In Chinese, a verb cannot be reduplicated unless there is a post-V' constituent that serves as the nuclear stress (NS) target. In (1), since both post-verbal constituents (the NP *ma* "horse" and the resultative phrase *de hen lei* "DE very tired") are candidates for NS targets, verb-copying occurs. Most of the problems with the syntactic approaches do not arise under the prosodic analysis. However, there is a problem with this analysis, as shown in (8).

(8) a. *Zhang San meitian   da   ta   sanci*
       Zhang San every day beat him three times
       "Zhang San beats him three times every day."
    b. *Zhang San meitian   da   ta   da   sanci*
       Zhang San every day beat him beat three times

According to Feng's (2009) Invisibility Condition, pronouns like *ta* "he" are prosodically invisible and do not bear nuclear stress. Therefore, there is only one NS target *sanci* "three times" postverbally, and verb-copying should not happen, which is contrary to the fact, as in (8b).

In sum, both syntactic and prosodic accounts have the advantages and the remaining problems. It is concluded that the motivation of Mandarin verb-copying needs to be further studied.

Keywords: Mandarin verb-copying structure; motivation of copying; syntax; prosody

柳　娜

天津师范大学外国语学院

kristyliu01@126.com

嵌偶单音词与半自由语素

黄 梅

摘 要 嵌偶单音词（下称"嵌偶词"）在现代汉语中的表现不如"手、笑、风、好"等单音词自由。它既不能作为一句话单独出现，在句法中的分布也受到限制。所以大多数研究者把这种单音成分的语法属性定义成"半自由语素"。但是这样的定性掩盖了嵌偶词的本质。本文认为，嵌偶词本身没有"半自由句法性质"，因为它不是句法不自由，而是其特殊的韵律属性要求它必须与邻近成分搭配成双才能出现，它的不自由主要来自韵律的限制。因此不能说嵌偶词是句法上的"半自由"，但可以说它是"句法自由，韵律黏着"类型的"半自由"——它是句法自由和韵律不自由相合的产物。

关键词 嵌偶单音词 半自由语素 韵律黏着 句法自由

1. 引言

我们发现，现代汉语有一批单音节词具有独特的韵律属性，它们在与邻近的词组合时，其结果必须成双，譬如"校"（在校）、"避"（避灾）、"遍"（遍查）、"案"（查案）等单音成分（目前已收集了400个左右）。在冯胜利（2006：5）、黄梅和冯胜利（2009）、黄梅（2012：35，2015：2）等研究里，其韵律属性被概括为出现环境的双音模块,并被命名为"嵌偶单音词"(下称"嵌偶词")。尽管上述研究已经指出其语法属性是"句法自由,韵律黏着"(冯胜利,2006:2;黄梅,2012:35;等等),但目前仍有很多研究者对嵌偶词"句法自由"的属性缺乏足够的了解,认为嵌偶词是半自由的单音成分而非句法自由。由此而引发的另一对概念理解上的差异是"词"和"语素"的本质何在:似乎嵌偶词和半自由语素的概念没有区别。本文提出:嵌偶词不是半自由语素,两者的区别不是简单的命名问题,而是有关如何理解"词"、"语素"和"句法自由"等基本概念的根本问题。

本文从半自由语素术语的引入和使用展开,反思该术语成立的逻辑缺陷,分析制约嵌偶词句法分布的条件和原因,揭示"半自由语素说"在句法定性上的困难以及嵌偶词受限的本质不在句法而在韵律,并进一步指出:嵌偶词是词而非语素,从而避免了"半自由语素"在概念上违背同一律的困扰。

2. 半自由语素概念的由来与发展

半自由语素这一术语是在20世纪20年代从结构语言学引入的。从一开始,半自由的概念就离不开对自由、黏着的讨论,语素的概念也常常纠缠在词与非词的问题中。如何定义半自由?如何理解语素?这些概念在今天出现了两个新标准:单说标准和单用标准。① 这两种标准对半自由和语素的理解都不相同。所以我们在鉴定这两类观点的时候,将分别梳理它们对半自由和语素的理解,然后再说明它们对半自由语素的界定基础。

单说角度以吕叔湘(1962a/1984,1962b/1984,1979/1984,1984)和张志公(1981)等为代表。这些研究以能否单说来区别自由和黏着,进而定义半自由。

单用角度以董秀芳(2004)为代表,该文以单用的程度来定义半自由。董秀芳(2004:45)所提到的单用与以往研究虽有某种相似,但有重要区别。以往

---

① 有研究把确定半自由语素的标准理解为构词能力。比如张志公(1981)、黄伯荣和廖序东(1997)、张斌(2002)、董秀芳(2004)等都是按照能否独立成词来区别半自由语素、自由语素和黏着语素。但什么是独立成词?如果认为只有能够单说的成分才算作词,那么独立成词中的词与独立成句的单说就没有区别。吕叔湘(1962a/1984,1962b/1984,1979/1984)和朱德熙(1982)等皆持此类观点。如果认为只要单用(独立做句法成分)就是独立成词,那么独立成词就等同于单用。从这个角度看,构词能力的说法与单说、单用两种说法本质相同。

有很多学者都提到过单用的概念，他们所谓的单用是说半自由语素虽然不能单说（言外之意指它们不是词），但是可以单独做句法成分（又具有词的属性）。能单独做句法成分但不能单说，所以叫"半自由语素"。这是**单说标准**的"半自由语素"。董秀芳（2004）继承了单用是独立做句法成分的说法，但是判定半自由的标准是自由（单用）的程度（单用自由度），这里称为**单用标准**。

单说标准和单用标准不仅对"半自由"的理解和定义不同，对语素的定义也不同，但是最后的结论却相同，都认为嵌偶词〔"校（在校）、案（案件）、鬓（两鬓）"等〕是半自由语素。因为根据前人对自由的理解、定义和标准，嵌偶词都不是100%的自由；另一方面，根据前人对黏着的理解、定义和标准，嵌偶词也不是黏着的。下面从单说和单用这两个角度进行梳理和分析。

2.1 单说角度

以是否能单说区别自由和黏着并以此界定词的处理方法是Bloomfield（1926）的首创。Bloomfield（1926）提出了自由和词的基本概念：

A form which may be an utterance is free. A form which is not free is bound.

（能独立成句的形式是自由的。不自由的形式是黏着的。）

A minimum free form is a word.

（最小的自由形式是词。）

吕叔湘（1962a/1984：358）则依据汉语事实将这一原则引入汉语，并提出半自由的概念：

要是应用类比法，那就不单这些字，比这些更难游离的也不难证明是词。

赢了球：赢了棋　　　坏不了：错不了

过了河：过了期　　　睡得早：醒得早

…………

上面例子里加点的字都是不能单说的，可是都能跟能单说的对比，算是自由形式呢，还是黏着形式呢？也许可以算是"半自由"吧。多数讲汉语语法的书里不说词可以"单说"，只说是可以"单用"（"独立运用""自由运用"），用意就在于要包括这类字（以及虚词）。

"棋、期、错、醒"都不能单独用作一句话，也就是不能单说。但是它们可以作为词单独占据一个句法位置，也就是可以单用。这样的形式是半自由的。这是国内研究"半自由"概念的最初定义。① 这种观点的逻辑如下：

不能单说，但可以单用的是半自由形式。

以"学校"的"校"为例，它的用法如下：

（1）a. 你去哪儿？

b. 学校。

c. *校。

（2）a. 学生在校学习了各种文化知识。

b. 请于三日之内离校。

"校"不能单说〔如例（1）〕，但可以单用〔如例（2）〕，所以它是半自由的。

为什么这种半自由形式被称作语素呢？吕叔湘（1979：19）提到：

一个语素可以有互相联系的好几个意义，其中有的能单用，有的不能单用。例如工，在工人、工艺、工业这些意义上是不能单用的，在工作（如上工）、工程（如开工）、计工单位（如三工）这些意义上是可以单用的。遇到这种情形，如果受汉字的拘束，就要在工字是词不是词上头决断不下。可不可以说：工这个语素有两个变体（似乎不必作为两个语素），一个能单用，是词，一个不能单用，是构词的语素？

总的来说，语素可以分为四种。（1）能单用的，单用的时候是词，不单用的时候是构词成分。……

整段话的结论是，"工"独立做句法成分时为词，不单用（被用作构词）时为构词的语素。

张志公（1981）②正是在上述观点的基础上，把"单说""单用"的观点和"自由度"结合起来。

从自由的程度来看，单音节语素有三种：

（一）自由的。能独立成词，也能和别的语素自由地组合成词，只要词汇意

---

① 吕先生原文中提到了"字"。汉语的"字"绝大多数都是单音节。为了避免被误认为以书写符号指称语法单位之嫌，本文将其称为"单音单位"。

② 张志公（1981）曾在文中提到，"如果我们想到西方语言学界从三十年代就已有了 morpheme 这个概念，现在已经探讨得相当广泛深入，而在我们这里至今'语素'还不为大家普遍熟悉、重视的这种情况，就特别感到叔湘先生最先提出并且不断探讨这个问题在我们的语言学领域里的重要意义"。本文作者留意于此，进行了很粗浅的一点探索，正是源于吕先生那些论述的启示。这里在写下去之前，觉得有必要把这层意思说一说，同时总说一下，后边有引用吕先生上述论著中的论点和材料的地方，就不再一一注明了。

义容许这样组合。如：

人（人民，人口；诗人，敌人）

风（风气，风度；微风，台风）

（二）半自由的。不能独立成词，但是能自由地和别的语素组合成词。如：

微——微弱，微薄，微妙；细微，卑微

语——语言，语气，语调；汉语，母语

（三）不自由的。既不能独立成词，和别的语素组合时又有固定的位置，活动能力有限。如：

第一，阿姨、你们，读者，演员，忽然

整段话以独立成词（也就是单说）作为区别自由语素、半自由语素和不自由语素的标准。虽然原文并未说明什么是独立成词的"词"，但一个根本的标准是它们都能单说。半自由语素举了两个例子——"微、语"，它们都不能单说，但都可以单用。①按照原文思路，嵌偶词〔"案（案件）、宴（设宴）、避（避灾）"等〕都只能是半自由语素。以上述"单说角度"为基础定义的半自由语素，见于目前主流的汉语语法教科书中（黄伯荣、廖序东，1997：251；胡裕树，2011：194；张斌，2002：149；等等），是学界的主流观点。

2.2 单用角度

从单用角度定义半自由语素的以董秀芳（2004）为代表。董文对半自由语素的理解建立在很多新的研究基础之上，其观点新颖，为半自由语素研究提供了很多新思路。与以往的分析相比，董文的观点有两点重要不同。

（一）自由、黏着的区分标准不同。上文提到吕叔湘（1962a/1984）以是否能单说作为自由、黏着的区别。但是董秀芳（2004）以是否能单用区别自由、黏着。正如董秀芳（2004：45）提到的：

我们这里采用的是目前国际语言学界通用的定义。朱德熙（1982）将自由语素定义为能单独成句的语素，将黏着语素定义为不能单独成句的语素。这一定义以单说作为自由与黏着的标准，是坚持了 Bloomfield（1933）的立场。我们不采

---

① 笔者感谢冯胜利先生的提示："词的定义必须包括两个方面：1. 句法的；2. 语音的。前者内在语法性的，后者外在语音性的。印欧语言恐怕无法探测出来这类二重属性的对立，而唯汉语可使之然也。本文之重大意义盖在于斯乎？"

用这一定义。单说作为界定词的标准是会遇到很多问题的，一些虚词不能单说，如"的"，但我们仍将其算作自由的虚语素。[①]

该段话将虚词作为自由的虚语素，说明其自由的标准其实是单用，而非单说。据此，"自由"可以概括为如下定义：

自由 = 独立做句法成分（即单用）

（二）对半自由语素的定义不同。董秀芳理解的半自由语素是介于黏着和自由之间的过渡阶段的一种语素。这无疑是一个新的提法。董秀芳（2004：45）提到：

仅仅将语素区分为自由语素和黏着语素，在汉语中还是不够的。有一些单音节语素在古汉语里本是可以自由运用的词，到现代汉语中已经不再能单用，但却在某些句法过程中相当活跃，似乎同时活动于词法与句法层面，[②]处于自由语素同黏着语素之间的过渡阶段。对于这类语素我们应另立一类，进行专门的研究。我们将这种语素称为"半自由语素"。

之所以被定性为过渡，是因为这些语素同时活跃于词法、句法两个层面，如董秀芳（2004：59）指出：

半自由语素的表现介于句法和词法之间。在词法层面，这类语素经常作为黏着语素与其他语素结合成词，属于词内成分；但在其他成分的依托下，这类语素又可成为词出现在句子中，属于句法层面单位。

这段文字明确指出，半自由语素做词内成分时是黏着语素，单用时是"句法层面单位"。这里将构词和造句对立，反映出作者认为两种情况下半自由语素的性质是不同的，譬如"校"，在"学校"里它是黏着语素，在"在校"里则是自由的词，这就是"校"半自由的表现。这种提法与吕叔湘（1979/1984）的"一个能单用，是词，一个不能单用，是构词的语素"的看法类似：先区别构词和造句，然后再对两种情况下的语素定性——不自由语素是黏着语素，自由语素是词。但与吕叔湘（1979/1984）不同的是，董秀芳（2004）没有认定构词的黏着语

---

① 这里暗存一个问题：什么是 clitic form 的句法属性？换言之，功能词（functional word）具有句法自由而形态黏着的性质，那么为什么实词也有这种性质呢？但作者似乎没有回答。

② 如何区分句法和词法？这里"某些"的概念如何定义？条件是什么？这是根本。动宾结构可词可句，但"量词 + 名词"就只能是句法而非词法的结构。前者无法验定，唯有后者性质可以鉴定。如果提出"词—句之间过渡阶段"的设想，显然需要"只能句法、不能词法"的检验手段，否则无法推翻自己的"两可"错觉。

素和造句的（单用）语素在性质上是否也有语素和词的对立。

关于如何判定半自由语素，董秀芳（2004：48）提到：

> 确定了语素的语法范畴之后，再看在其所属语类所能出现的典型句法环境中这个语素能不能单独出现，如果不能，说明这个语素不能单用；但如果与某个成分结合之后可以出现在其所属语类所能出现的典型句法环境中，并且与其结合的成分具有独立的词的地位，那么就可以判定这一语素在这种情况下可以单用，这个成分也就可判定为半自由语素。

为什么"可以出现在其所属语类所能出现的典型句法环境中，并且与其结合的成分具有独立的词的地位"的单用形式叫作"半自由语素"呢？因为：

（一）在典型句法环境中它不能"单独出现"；

（二）它只能和其他（具有独立位置的）成分一起出现。

据此，半自由语素的定义是以句法环境为条件：不能出现在该类形式所能出现的全部句法环境之中，而只能出现在一部分句法环境中。从这个意义上说，它们不是100%的自由，故名之曰"半自由"。然而问题是：一般认为，只要能够独立占据句法位置的就是单用，那么以单独出现的方式占据句法位置和与其他成分一起出现但独立占据句法位置这两种方式究竟有什么实质区别？

其实，这个问题可以通过董秀芳（2004：49～50）所举的例子得出答案：

(3) a. *校是学生学习的地方。

　　b. *他去校了。

　　c. *我们的校

　　d. *校的围墙

　　e. *一所校

(4) a. 此校自成立以来，已培养了不少人才。

　　b. 他出资建立此校。

　　c. 此校的建立

按照董秀芳（2004）的观点："名词的典型句法功能是做主语和宾语，但'校'单独使用时不能充当主宾语"，如例（3）a、b；"名词还可以做'的'后的中心语或'的'前的定语，不少名词还可以被数量的结构修饰，但'校'也不具备这些功能"，如（3）c～e；"但是当'校'与指示性成分'此'结合在一起时，就可以出现在主宾语位置上了",如（4）a、b,"也可以做'的'前的定语了",如（4）c。这些分析指出,半自由的"校"和自由的"学校"的根本区别在于半自由的"校"无法出现在"学校"能够出现的、典型的句法位置上,这是它半自由的表现,亦即：

能单用而分布不如典型成员自由的单音节语素为半自由语素。

这在本质上是依据分布位置的受限情况确定语素（或词）的自由（度）,再根据自由度判定半自由语素。

更值得一提的是,关于半自由语素的受限原因,董秀芳（2004：56～57）还有更多的观察,作者对制约半自由语素的韵律因素提出了自己的看法：

韵律因素对汉语的制约也表现在半自由语素在句中的使用上。半自由语素在句法上独立,但韵律上依附,可以看作是"韵律不足（prosodically deficient）"的成分。为了满足语音上合格的要求,一个话语中所有的语音成分都必须被组织进韵律结构（prosodic structure）中去,因此,韵律不足的成分（如附着形式等）在更大的范域中必须被合并进邻近的成分以构成韵律上合格的单位,这种操作在节律音系学（metrical phonology）中被称为"偏倚附加"（stray adjunction）规则。汉语中半自由语素与其依附成分的结合也可以看作是由"偏倚附加"操作所决定的。

这里作者借助节律音系学"偏倚附加"的概念解释韵律因素对半自由语素的制约,是想说明半自由语素的自由性是"受语境制约的,它在句法中独立起作用需要特定的环境,即需要另外的成分（单音词）的支持"（董秀芳,2004：56）。然而问题是什么是韵律的"偏倚附加"？一般而言,"偏倚附加"是没有音节限制的,如：

（5）Je m' intéressé au français.（我对法语感兴趣。）

法语轻代词 me（我）因其韵律分量轻,附加在多音节动词 intéressé（感兴趣）上,没有附加对象音节的限制。那么为什么汉语的半自由语素只能"附加"在单音节成分上而不能与双音节或三音节词组合呢？[①] 对此还没有理论上的解释。另外,用过渡阶段或半自由的概念来定义语法单位也有不妥。因为一个形式不可能

[①] 我们都应该注意的是,在借用以非汉语现象为基础建立的理论来解释汉语现象时,首先要弄清楚这个理论的使用限制和具体内容。

同时既是黏着成分又是自由成分，亦即不同概念本身的界定必须要有排他性。如果一个形式，如 X，在 A 环境下是黏着成分（不能单说），在 B 环境里是自由成分（是词），那么它们就是两个不同性质的形式，分析为 X_1 和 X_2。X 不可能既是性质 1 也是性质 2，否则这两个性质就没有对立。X 从 1 过渡到 2，可能是 1.5。但是 1.5 既不是 1 也不是 2，因此不存在也是 1 也是 2，或者不是 1 也不是 2 的半属性的情况（所谓半自由形式）。一言以蔽之，严格的定义不能用过渡/半自由等两可的性质规定概念（张世英，2010）。据此，我们不认为"校"这类单音成分的性质是处于自由和黏着的过渡阶段。所谓半自由语素，在造句时虽然受到韵律的制约而只能出现在双音模块的句法环境中，但它不是黏着语素，而是句法自由的词，因为它能够出现的句法环境允准它是句法成分，在那里，它的句法性质（如"我校"等[代词+名词]短语）和其他同类自由语素的句法性质没有不同。

更重要的是，用句法分布是否受限来判定半自由语素的方法也不完全可靠。因为不是每个词都能接受该类词所有的句法运作。如"使"，不能因为不能出现在"不了"动词标记前就不是词。关键看它是否具有动词的其他属性。因此，我们认为：从句法角度看，嵌偶词是自由词；从韵律角度看，嵌偶词是受韵律限制的词。句法性质上，它不是过渡单位。特别的韵律属性导致嵌偶词句法分布的自由度受到限制。这种限制只能反映出嵌偶词与其他自由词在受不受韵律限制上的不同特点，而不能据此否定嵌偶词的句法性质。

3. 对半自由语素的反思

半自由语素的界定及其牵涉的词法问题一直是一个被广泛讨论的话题。它涉及"词、语素、自由、黏着"等诸多概念。这里讨论半自由语素的目的是为了在反思其立论思路的基础上，澄清各派争论的关键所在。

首先是语素的概念。在汉语的研究中，大多学者都把"学校"中的"校"定义成语素。我们的研究与此不同。我们认为：无论在"在校"还是"学校"中，"校"都是词。前者是短语，后者是复合词。换言之，以往被称作半自由语素和自由语素的语法单位，都是自由语素〔在构词形态（morphology）范畴内〕，都是词〔在句法（syntax）范畴内〕。只有那些不单用的不自由语素（即词缀）才是黏着语素，如"老虎"中的"老"，"作者"中的"者"，等等。因为不能单用，所以它们都不能是词。①

其次是半自由的概念。无论自由语素（词）、半自由语素（嵌偶词）还是黏着语素，都是句法分析的基本概念。自由和非自由，就是能否"单说"，这不难辨别。不能单说、也不能单用的，就是不自由，这也不难区分。难就难在"单用但不能单说"，半自由语素的问题就发生在这里。如果自由就是单说，那么"非单说"就是黏着。据此，定义半自由的概念就要说：半自由就是既"单用＝自由"又"不能单说＝不自由"，结果等于"既自由又不自由"，造成一种自相矛盾的定义表述，显然无法被接受。调节矛盾的一个方法就是把它们叫作"半自由成分"，但没有缓解矛盾。因此，"半自由"的处理办法实际隐藏了一个逻辑上的定时炸弹。如何解决这一困境呢？如果我们仔细观察一下什么是"单用"、什么是"单说"，困境就有解决的希望。"单用"是句法范畴的现象，"单说"是语音（韵律）范畴的现象。"单用"和"单说"不是一个范畴的现象。换言之，我们面临的不是"能单说、不能单用"（不存在）的现象，而是"能单用、不能单说"的现象（如"本校"的"校"）。如果我们进而从它们的句法属性上观察，那么就是句法上可以单用（自由的）但韵律上不能单说的（不自由的）情况，亦即下面四种可能之一：

1. 句法自由、韵律不自由黏着——嵌偶词
2. 句法自由、韵律自由——一般词汇
3. 句法不自由、韵律不自由——词缀、黏着语素
4. 韵律自由、句法不自由——不存在？

人们会问：韵律黏着的嵌偶词和自由的单音实词在句法功能上有什么区别？从分布范围看，如果说能在所有典型句法位置上出现的成分是自由语素（词）的话，那么不能完全出现的是不自由语素，而介于两者之间的就是半自由语素。显然，这就是根据句法分布自由度定义语素的自由度。假设某一词类的典型句法位置有十个，如果某一成员的分布位置也是十个，那么它就是自由的成员（是词）。如果它的分布不到十个，那它就是半自由的成员（半自由语素）。如果某一类形式完全不能独立出现在任何位置上，那它就是完全不自由的形式（黏着语素）。这样定义看似很有道理，但这里有两个问题很具挑战性：（一）如何定义典型位置？（二）有没有某个词能够完全出现在所有典型位置上？以名词为例，郭

---

① 感谢匿名评审人的意见，即"由此带来的一个问题是，对词的传统定义必须修正了：'能够独立运用／独立活动'中的'独立'需要修改"。

锐（2002：210）就曾提到，"名词实际上是体词的剩余类（排除了方位词、时间词、处所词、量词）"。他列举了十种名词中的句法位置，包括：数量名、数名、"一+名词"和"限定词+名词"等。据此，即便是公认的自由词如"学校"也无法在上述十种位置上全部出现，比如不能与数词、代词搭配，因此不能出现在"*一学校""*此学校"的结构中。相反，"校"这个所谓的半自由语素倒是可以出现在"三校、此校"这类结构中。这样看来，有些"校"能出现的位置，反而"学校"不能出现。这说明：词的分类不能仅仅依据典型位置的归纳来定性。

即便依据上述标准，列出所有代表某词类的典型位置，那么其成员在这些位置上的出现情况也不一样。仍以名词为例，我们不能因为某个名词在名词类典型位置上出现的数量多，就叫它名词，而出现的数量少，就将其视为异类，排斥在该类词的概念之外。原因正如郭锐（2002：176）所说："语法功能和词类没有一一对应的关系，找不到某个词类的所有成员都具备的某一条语法功能，也几乎找不到只为一类词所有的某一条语法功能。我们所说的语法特点实际上是具有合取关系或析取关系的一组语法功能。划类标准就是从这样一组语法功能中选择出来的。"这话正可用来说明依据典型语境的分布来定词/语性质的局限。譬如"名词最常见的功能是做主语、宾语。但不是所有名词都能做主语和宾语，有3%的名词不能做主语，2.4%的名词不能做宾语"（郭锐，2002：211）。如果依据位置上分布的频率来定性，那么半自由的不止是"校"，"学校"也是半自由的。

总之，从句法属性上看，我们没有充足证据认为"学校"比"校"更自由，也没有理由因为"校"不能在一些名词的位置出现而说"校"是半自由的。半自由其实是就"黏着"而言，但"校"这类单音节形式的"黏着性"不是句法的（句法自由），而是语音的（韵律黏着）。如果判定它们自由/黏着的标准变化了，那么半自由的概念就会变。如果把自由和黏着的概念限定在句法上，不仅会产生概念上的矛盾，而且传统的"单说"的语音性质也将消失。

4. 韵律对嵌偶词分布的限制

如上所述，"不能单说"的黏着性质在韵律上。这里我们把黄梅（2012，2015）对嵌偶词的句法分析进一步扩展到韵律，详细讨论韵律对嵌偶词分布的限制。

4.1 嵌偶词的句法分布

从生成语法的角度看，只要"校"能占据句法树的一个终端节点（terminal node），作为一个 X^0 出现，那么它就是一个词。从结构语言学的角度看，只要"校"能独立充当句法成分，那么它就是词，这是公认的词的判定标准。据此，我们不能接受把句法中分布位置的多少和典型与否作为定"词"的标准。换言之，即便"校"在典型名词的位置上分布有限，如果它能出现在（哪怕一个）名词的位置，那么这个位置上的形式就是词。因为能在多少个位置上出现、能与什么成分搭配、能否做复合词的构词成分，不是判断词与非词的根本。因此，本文对自由和词的定义基于以下两点：

（一）汉语中，能独立充任句法成分的是词。

（二）能依其句法属性在相应位置（X^0 terminal）上出现的，就是句法自由成分。

嵌偶词显然能独立充任句法成分，所以是词。如前所示，"校"与"学校"相比，其区别只在于是否能够充任的成分稍有差别（见表1）。下面将对两者的句法分布进行比较。

我们以朱德熙（1982）和郭锐（2002）的研究为基础，归纳了10个典型的名词位置[①]：主语、动词宾语、介词宾语、被数量短语修饰、被数词修饰、与方位词连用、与代词连用、被结构助词修饰、被形容词或名词修饰、做定语修饰名词。从下面的例子可以看出，除了做主语和被数量短语修饰外，"校"可以在8个位置上出现。在其中的6个位置上[②]，"校"都可以被证明是独立充任句法成分的。

首先，"校"可以独立做介词的宾语，比如：

（6）距校约十里之遥，有一个小村落。

（7）据她本人称，她当年在校读书时因为是个左撇子而吃尽苦头。

（8）她们在比赛中奋勇拼搏，为校争光。

（9）市教育局还将以校为单位举办干部教工学习班。

[①] 这10个位置或许不能涵盖所有名词的所有分布位置，但却能够满足区别名词的句法条件。

[②] 另外两个位置是"校"做定语（如"校企、校舍、校馆"）和"校"被定语修饰（如"商校、农校、新校、大校、强校"）等。"校"在这两个位置上跟其他成分组成的都是定中结构。双音节定中结构既可以是复合词，也可以是短语。我们暂时没有想出如何证明由"校"组成的定中式双字组是短语的方法。但从意义上看，这类双字组可以分为两类。一是典型的复合词，如"学校、校花"。这类复合词的意义与字面意义有联系，也有引申。另一类组合的意义直接就是组合成分的意义加合，比如"校馆、大校、新校、商校"等。

（10）最初他们全混在一起，后来才渐渐地按校分成组了。

上例的"校"与介词"距、在、为（wèi）、以、按"的组合是典型的介宾短语（"距校、在校、为校、以校、按校"）。既然是短语，"校"与其介词之间也可以插入其他成分（"距此校100公里处、为该校、以某校的情况为参考"）。

其次，"校"可以独立做动词宾语，比如：

（11）昨日，华南师大的1000多名毕业生开始离校。

（12）他算准她必定会跟他进校学习。

（13）张同修一直在外面的公司打工，每天一大早就得出去，直到很晚才能回校。

（14）在五四青年节即将到来之际，中共安徽省委书记李锦斌来校调研。

上例中"校"与动词"离、进、回、来"组成动宾短语。"校"独立做宾语。

再次，"校"可以与指示代词连用，比如：

（15）此校是仙人唐公房祠原址。

（16）该校办学条件艰苦，却培养出一流的学生。

（17）上海各校"打工"学生达1.2万人。

（18）1952年高等院校调整，北大法律系一度并入他校。

（19）平均每校不到150万元。

Tang（1990）曾把[指示代词+校]的组合当成名词，但这样的分析忽略了"指示代词"不能构词的事实。此外，这些组合不能被形容词修饰（"*安静的此校"，比较"安静的学校"）。此外，这些组合也不可以与数词或者数量短语搭配（"*一个该校"）。显然，它们都不是名词。事实上，这些组合根本不是词，而是词组。内部两个构成成分的组合各自占据一个独立的句法位置，因此才可以按照句法规则组成更为复杂的短语结构，比如插入其他成分（如"每十校、此三校"）等。

如果我们从形式句法学的角度来分析，根据Bernstein（1993）、Bowers（1987）等研究，名词短语是指示词短语的功能词的投射（Determiner Phrase，DP），亦即"指示词短语假设（DP Hypothesis）"。依Abney（1987），DP结构如下：

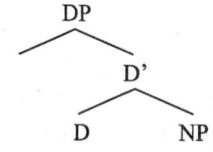

图1　指示词短语结构

DP 与 NP 之间存在中间的功能范畴投射，即数词短语（NumP）和量词短语（ClP）。汉语的名词短语本质上也是指示词短语结构（DP）。"此、该、本、每、各、某、我、他"都是功能性指示词（determiner），它们都是短语标志，因此与名词的组合都是短语，而与之搭配的名词自然都是独立的句法成分。换言之，D 无法构词，就如同英文的"冠词+名词"组合无法为词一样，"该校"也不是词，而是短语。如果"该校"是短语，那么"该校"的"校"就一定是"词"。同理，与数词或者数量短语搭配的名词，在句法分析上也独立占据一个句法位置。

此外，"校"还可以与方位词连用，证明它是句法独立的词。比如：

（20）2月28日是育杰学校开学第一天，<u>校</u>前的马路上挤满了送学生的小汽车。

（21）<u>校</u>后的木栅外几只白鸥在海天之中画着峻险的无穷曲线。

（22）接着，李瑞环同志饶有兴味地参观了<u>校</u>内科学馆。

（23）现在他每天大约有3个小时在<u>校</u>外的一家健身房里健身。

（24）当时，她已是两个孩子的妈妈，也是<u>校</u>中唯一的女生。

上例中，"校"与方位词连用组成"校前、校后、校内、校外、校中"。这些组合可以根据句法规则进行重新组合（"[各校]前、[该校]内、[此校]中"等）。"各校"与"前"之间还可以再插入其他成分（如"各校之前"）。这意味着名词与方位词的组合是短语。李亚非（2009）、Huang et al.（2009）等把方位词与名词的组合称为方位短语（Locative Phrase/LP）。李亚非（2009）指出，"方位词前面的名词，无论有没有数量词修饰都是名词短语"。如图2：

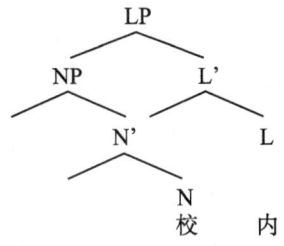

图2 方位词短语结构

图2中的方位词是核心词，名词是核心词的补述语（complement）。这意味着，"校"在这一结构中独立充任核心词的补述语，是词。

最后,"校"可以与"之"连用,也证明它是一个句法独立单位。譬如:

(25)武汉科技大学曾被称为"铁血之校"。

其他像"眼光之校""状元之校""王者之校"等等的网上例句屡见不鲜。我们知道,"之"在这里是一个独立句法功能词,因此与之组合的名词"校"无疑独自占据一个句法位置。

综上所述,"校"和"学校"的句法分布可归纳如表1所示:

表1 "校"和"学校"的句法分布比较

序号	句法位置	校	学校
1	动词宾语	+	+
2	介词宾语	+	+
3	与方位词连用	+	+
4	与结构助词等搭配	+	+
5	被定语(名词/形容词)修饰	+	+
6	做定语修饰其他名词	+	+
7	主语	−	+
8	被数量短语修饰	−	+
9	被数词修饰	+	−
10	直接与指示代词连用	+	−

表1展示了"校"的分布情况:在名词分布的10个位置中,它能出现的有8个,与"学校"共享的位置有6个。在10个位置中,"学校"能够出现的位置也是8个。两者能够出现的位置的总数是相同的。这表明:(一)嵌偶词可以独立做句法成分;(二)嵌偶词和自由词都不能在所有的句法位置上出现(或曰"完全的句法自由")。这两个事实合起来说明了一个重要的事实:句法自由度(用句法位置的"位数")不能作为判定某一形式的词性度数。换言之,我们认为词性没有"度"。某些形式(如"校")不能在少数"理论上可以但事实上没有"的位置上出现,乃另有原因,这不影响它们作为在该位置句法范畴上的词的性质。具言之,嵌偶词"校"之所以不能在上表7、8两个位置上出现乃韵律所致;而"学校"不能在9、10两个位置上出现乃语体所致。没有人

把"学校"叫作"半自由词",因此把"校"叫作"半自由语素(或词)"也一样难以令人信服。深入的研究告诉我们:汉语存在"校"一类的嵌偶词,它们是"句法自由,韵律黏着"的形式。因此,把两种属性混而为一,笼统地说它们是"半自由",掩盖了事实的真相。更有甚者,"半自由"概念的误导是把嵌偶词的韵律属性强加到它们的句法属性之上——让汉语的句法变得扑朔迷离,莫衷一是。为说明问题,下面我们专门论证韵律条件下嵌偶词的句法限制。

4.2 嵌偶词分布受限的原因分析

以往研究提到嵌偶类的词的不自由,可归为三类:(一)嵌偶词不能单说,自由词都能单说;(二)在某些位置上,自由词可以出现,但嵌偶词不能(如嵌偶名词不能独立做主语和受数量短语修饰);(三)虽然在某些位置上两者都能出现,但能与自由词搭配的某些成分不能与嵌偶词搭配(如在动词宾语、介词宾语位置以及与指示代词连用时,嵌偶名词和自由名词的表现不同)。然而本文所要指出的是:所有这些都可以用嵌偶词的韵律属性来解释。

首先,嵌偶词的基本韵律属性就是"不能单说"。什么是单说?单说就是以最小、独立的韵律单位"音步"为基础单独成为一个韵律短语(prosodic phrase)。但单音节嵌偶词无法自己构成一个独立的韵律单位(无论是音步、韵律词还是韵律短语),否则违背汉语的韵律规则,所以它不能单说。

正因为这样的韵律限制,嵌偶词不能出现在需要独立韵律单位的句法位置上。以"校"为例,它虽然可以复合构成双音节音步的主谓结构(如"校办""校建"),但它不能独立做主语,原因很简单,如果该句的句法结构让主语独立成为一个韵律短语或单位,那么这个位置必然排除嵌偶词,因为单音节不足以成为一个独立的韵律单位,所以嵌偶名词无法做主语。

同样,由于嵌偶词的韵律黏着的属性,因此在韵律上它必须先满足韵律成双的要求,才能在句法允准的位置上出现。这种限制使得"校"不能与数量短语组合。根据 Tang(1990)的看法,汉语中没有[量词+名词]的组合,数量短语位于 DP 和 NP 之间的中间位置,如图3:

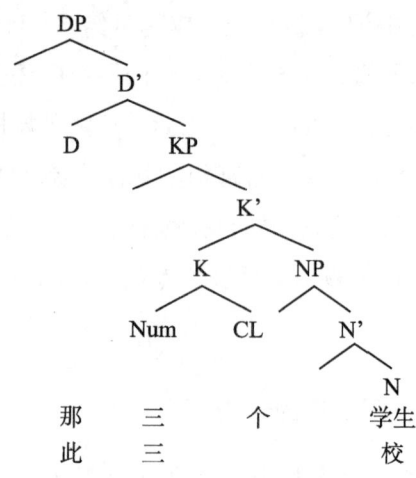

图 3 [De+ Num+CL+N] 的结构图

Li（1998，1999）、Cheng & Sybesma（1999）均曾指出，数量短语是先结合在一起，然后再与名词合并的。由于数量组合最少为双音节组合，所以[数量+名]的组合显然无法满足"校"必须嵌偶成双的韵律要求。

最后，嵌偶词虽然可以出现在某些句法位置上，但与自由词相比，仍然有所不同。嵌偶词可以与自由词一样做动词宾语、介词宾语，与代词和方位词连用，被助词短语修饰。但是与嵌偶词组合的成分必须是单音节的，这就是这类词所以被称为"嵌偶"（镶嵌在一个双音节的韵律模块内）的原因所在，如下表2所示：

表2 "校"与方位词搭配时的音节限制

单音方位词		双音方位词	
校内	学校内	*校内部	学校内部
校外	学校外	*校外面	学校外面
校前	学校前	*校前面	学校前面
校旁	学校旁	*校旁边	学校旁边

从表2可以看出，与"校"搭配的方位词必须是单音节的，双音节方位词与"校"搭配时不合法。这证明了"校"虽然具有与方位词搭配的句法功能，但是它的韵律属性（不是句法属性）却限制了能够与它搭配的语言形式。这是"校"看起来比"学校"更加受限的一个原因。

表3 "校"做介词宾语时的音节限制

单音介词		双音介词	
按校分组	按学校分组	*按照校分组	按照学校分组
距校五公里	距学校五公里	*距离校五公里	距离学校五公里

从表3可以看出,"校"不是不可以做介词宾语,但是却不能做双音介词的宾语。同样,"校"做动词宾语时,也是只能做单音动词的宾语,而不能做双音动词的宾语(详见表4)。

表4 "校"做动词宾语时的音节限制

单音动词		双音动词	
回校	回学校	*返回校	返回学校
来校	来学校	*来到校	来到学校
建校	建学校	*建设校	建设学校
爱校	爱学校	*热爱校	热爱学校

"校"做定语或者被定语修饰时,也受到韵律限制:它做定语时只能修饰单音节名词;它前面有定语时,定语也只能是单音节的(详见表5)。

表5 "校"做定语或被定语修饰

"校"修饰中心名词		"校"被定语修饰	
校门	*校大门	名校	*知名校
校工	*校教工	新校	*新式校
校室	*校教室	破校	*破旧校
校部	*校学部	高校	*高等校

以上种种现象表明,"校"和"学校"都可以与方位词连用,都可以做介词或动词的宾语,都可以做定语或者被定语修饰,这是它们的句法属性。但是,与"校"搭配的词只能是单音的,"学校"则没有这样的限制,这是二者在韵律属性上的不同——韵律对双音节的形式没有这种限制。正因如此,才导致了"学校"不受限制而"校"更受限制的重要差异。然而,人们一般都把这种不同误解为句法上的差异,尤其是"校"不能独立做主语、不能被数量短语修饰、不能单

说等现象,就更让不解韵律原因的人把韵律的限制误解为纯句法的限制了。有了这里的分析,我们现在可以清楚地看到,所谓嵌偶词不自由是韵律不自由,不是句法不自由。一言以蔽之,嵌偶词的句法分布是句法自由和韵律黏着加合的结果。①

5. 余论

"半自由语素"作为描写语素的句法功能的一个术语,一直是国内汉语语法学界使用的高频词。它在教科书里、在各类学术专著里反复出现,深入人心。这一概念的提出是由于早期结构主义学者在界定语法成分性质时,将表层现象作为句法功能分类的判定依据,这是一种普遍的做法。然而,在韵律语法的嵌偶词的研究中,我们对传统的"半自由"概念有了新的认识和发现:表层现象并不完全等同于它们背后的句法属性。像嵌偶词这样的单音成分,限制它句法分布的是其自身的韵律属性,而不是由于它有特别的句法或语义的功能。随着韵律语法的新视角、新理论的开发和研究,如何定义和理解各类语法成分的性质,如何达到语言理论解释的一致性、简洁性和充分性,嵌偶词研究或许可为韵律语法研究提供一个新的、重要的观察视角和解决方案。

参考文献

董秀芳. 2004. 汉语的词库与词法. 北京:北京大学出版社.
冯胜利. 2006. 汉语书面用语初编. 北京:北京语言大学出版社.
郭　锐. 2002. 现代汉语词类研究. 北京:商务印书馆.
胡裕树. 2011. 现代汉语(重订本). 上海:上海教育出版社.
黄伯荣,廖序东. 1997. 现代汉语(增订二版). 北京:高等教育出版社.
黄　梅. 2012. 现代汉语嵌偶单音词的韵律句法研究. 北京:北京语言大学出版社.
黄　梅. 2015. 汉语嵌偶单音词. 北京:北京语言大学出版社.
黄　梅,冯胜利. 2009. 嵌偶单音词句法分布刍析——嵌偶单音词最常见于状语探因. 中国语文,(1):32-44.
李亚非. 2009. 汉语方位词的词性及其理论意义. 中国语文,(2):99-109.

---

① 感谢匿名评审人的意见:"与此相关的是,在汉语母语者的语感里,'校'与'学校'作为词的够格度肯定是不同的,如果不用半自由语素的概念,把它们都看作词,就与这种语感相背离了,那原因究竟何在?所谓'韵律黏着',到底应该怎么看?似乎还可以进一步思考。"这些问题笔者目前也没有答案,希望学界同行一起努力,日后待解。

吕叔湘. 1962a. 说"自由"和"粘着". 中国语文, (1): 1-6. 又载于吕叔湘. 1984. 汉语语法论文集（增订本）. 北京：商务印书馆.

吕叔湘. 1962b. 关于"语言单位的同一性"等等. 中国语文, (11)：483-495. 又载于吕叔湘. 1984. 汉语语法论文集（增订本）. 北京：商务印书馆.

吕叔湘. 1963. 现代汉语单双音节问题初探. 中国语文, (1)：10-22.

吕叔湘. 1979. 汉语语法分析问题. 北京：商务印书馆. 又载于吕叔湘. 1984. 汉语语法论文集（增订本）. 北京：商务印书馆.

吕叔湘. 1984. 汉语语法论文集（增订本）. 北京：商务印书馆.

张 斌. 2002. 新编现代汉语. 上海：复旦大学出版社.

张世英. 2010. 论黑格尔的逻辑学（第3版）. 北京：中国人民大学出版社.

张志公. 1981. 谈汉语的语素并略介哈尔滨语法教学讨论会. 语言教学与研究, (4)：4-18.

朱德熙. 1982. 语法讲义. 北京：商务印书馆.

Abney, Steven P. 1987. *The English Noun Phrase in Its Sentential Aspect*, PhD dissertation, MIT.

Bernstein, Judy B. 1993. *Topics in the Syntax of the Nominal Structure across Romance*, PhD dissertation, The City University of New York.

Bloomfield, Leonard.1926. A set of postulates for the science of language. *Language*, 2: 153–164.

Bloomfield, Leonard. 1933. *Language*. New York: Henry Holt.

Bowers, John. 1987. Extended X-Bar Theory, the ECP, and the Left Branch Condition. *Proceedings of the West Coast Conference on Formal Linguistics*, The University of Arizona. 6: 47-62.

Cheng, Lisa Lai-Shen, & Sybesma, Rint. 1999. Bare and not-so-bare nouns and the structure of NP. *Linguistic Inquiry*, 30: 509-542.

Huang, C-TJ, Li A, Li Y. 2009. *The Syntax of Chinese*. Cambridge: Cambridge University Press.

Li, Ye-hui Audrey. 1998. Argument determiner phrases and number phrases. *Linguistic Inquiry*, 29(4): 693-702.

Li, Ye-hui Audrey. 1999. Plurality in a classifier language. *Journal of East Asian Linguistics*, 8: 75-99.

Tang, Chih-Chen Jane. 1990. A note on the DP analysis of the Chinese noun phrase. *Linguistics*, 28(2): 337-354.

Qian'ou Monosyllabic Words and Semi-Free Morphemes

Huang, Mei

School of Chinese Studies, Beijing Language and Culture University

Abstract: For a long time, in Chinese lexical study, "freedom" is a criterion used to distinguish "word" from non-word unit. Freedom often means being able to form sentences independently. For example, "Where are you going? School." "School" can appear as an independent sentence, so it is considered a free word. This method of judging words was mentioned in Bloomfield (1926). Then Lu (1962a) applies this method to Chinese language. However, different from the English words, some Chinese words cannot be used as an independent utterance, but they can be used as syntactic components independently. Lu (1959) and Zhang (1981) calls it a "semi-free morpheme" in Chinese. This is the first method in Chinese to define the concept of "semi-free". Its criterion is to see whether the linguistic unit is a free independent utterance or not. We name this method as "free utterance" method.

After more than two decades, Dong (2004) provides another definition to the concept of "semi-free morpheme." But the term is a homonym to the previous one because Dong's definition of semi-free morphemes used a different criterion. She uses semi-free morphemes to define those words whose distribution is limited, less free than those typical free morphemes. In her book, she mentions the example of *xiao* (校, "school"). In Chinese, *xuexiao* (学校, "school") and *xiao* both mean "school" and both are nouns. But *xiao* is less free than *xuexiao* because it cannot stand as an independent utterance and it cannot appear as a subject in Chinese. This is the second method to define the concept of "semi-free". Its criterion is whether the syntactic distribution of the words is free or not. We name the second method as "free-distribution" method.

Regardless of the two definition methods mentioned above, semi-free morphemes refer to language units that are less free than typical free morphemes. It is somewhat limited. Although there are characteristics of words, they cannot be called as typical free words.

In Feng (2000) and Huang (2008) etc, they name a group of special monosyllabic words in Chinese, called *Qian'ou* Monosyllabic Words (literally disyllable-embedded monowords, hereafter, QOWd). QOWd, such as *xiao* (校 "school"), *bi* (避 "to avoid"), *an* (案 "case") etc, are also less free than most of the monowords in modern Chinese.

For example, *xuexiao* and *xiao* has the same meaning and the same syntactic function, but *xiao* seems to be less free than *xuexiao* because it does not work with disyllabic noun words or stand alone as an independent utterance, even though it works perfectly with monosyllabic noun. Then, is QOWd a semi-free morpheme?

In fact, the definition of semi-free morphemes and the lexical issues involved have always been a topic that has been widely discussed. It involves many concepts such as "words, morphemes, freedom, adhesion" used in modern Chinese linguistics. We want to reconsider the underlying arguments behind semi-free morpheme definition through the discussion of the QOWd in modern Chinese.

The general conclusion of this article is that the freedom cannot be defined simply by whether it is independent of a sentence or by the degree of freedom of distribution. Because the freedom in the traditional definition is the result of interactions at different levels of language. The QOWds are not semi-free morphemes because (1) they are not semi-free; (2) they are not morphemes.

In terms of their freedom, they are syntactically free, but prosodically adhesive. The reason why they are less free is not because of their syntactic attributes, but of their prosodic features. QOWd must appear in pairs each time when they appear in modern Chinese. Due to prosodic attribute, QOWd cannot comptetely freely distribute in syntactic structure and become an independent sentence either. This article lists five groups of minimal pairs when *xiao/xuexiao* are used with localizers, prepositions, determiners, nouns, and adjectives to support the above arguments. These examples are to demonstrate that both of the words have the same syntactic attributes, but are different in prosodic attribute. We select some of the minimal pairs from each of the groups and show them below.

(1) *xiao/xuexiao* + localizer:

"outside of school"   *xiao waimian* (*校外面)   *xuexiao waimian* (学校外面)
"inside school"   *xiao neibu* (*校内部)   *xuexiao neibu* (学校内部)

(2) preposition + *xiao/xuexiao*

"grouped by school"

anzhao xiao fenzu (*按照校分组)   *anzhao xuexiao fenzu* (按照学校分组)

(3) verb + *xiao/xuexiao*

"return to school"   *fanhui xiao* (*返回校)   *fanhui xuexiao* (返回学校)
"come to school"   *laidao xiao* (*来到校)   *laidao xuexiao* (来到学校)

(4) *xiao/xuexiao* used as a modifier

"school door"   *xiao damen* (*校大门)   *xiaomen* (校门)

(5) *xiao/xuexiao* is modified

"broken school"   *pojiu xiao* (*破旧校)   *poxiao* (破校)

As can be seen from these examples, *xiao* and *xuexiao* can appear in the typical syntax position of nouns, like object of verbs and prepositions, as modifiers, or be modified, or used with localizers and with denominators. But the only constraint is that it must appear in disyllabic forms. In fact, the article shows that there are ten typical syntactic positions for nouns in modern Chinese. *Xiao* cannot appear in two of them: one is the subject and the other is with Num + Quantity structures, both of which are difficult for QOWd to become disyllabic forms. Therefore, QOWd is syntactically free, but prosodically adhesive. Since a morpheme is a lexical unit to analyze word-formations, instead of being used as a syntactic component, QOWd has syntactic functions and is used freely in syntactic sense. We take QOWd a syntactic free and prosodic adhesive word instead of a semi-free morpheme.

Keywords: *Qian'ou* monosyllabic word; semi-form morpheme; prosodic adhesive; syntactic free

黄 梅

北京语言大学汉语国际教育学部汉语学院

meiihuang@icloud.com

汉语普通话正式体和非正式体的韵律特征对比分析*

冯卉 胡丹

摘 要 本研究通过语音实验对汉语普通话正式体和非正式体在黏附组、韵律短语和语调短语三个韵律层级的韵律特征及其语音实现进行了探索。研究结果表明,各韵律层级在正式体中停顿更多,音节时长更长,音域更宽。各个韵律层级特征如下:(1)黏附组中,两种语体的黏附成分时长都小于音节平均时长,正式体中黏附成分的时长在黏附组中的占比小于非正式体。正式体中黏附成分调型的独立性更强,非正式体中黏附成分的调型受整体音高曲线影响较大。(2)韵律短语中,正式体中韵律短语数量更多,因为正式体中有更多的停顿位置,相同的停顿位置有更大的停顿概率。两种语体中的连读变调存在差异性,可能反映了相同韵律词在两种语体中的韵律格式不同。(3)语调短语中,焦点的音高曲线在正式体中呈现为焦点前变化较小、焦点处抬高、焦点后降低,在非正式体中呈现为焦点前和焦点处抬高、焦点后降低。焦点时长在两种语体中呈现一致,即增加焦点时长比,减小焦点前后时长比。

关键词 语体语法 正式体 非正式体 韵律层级 声学特征

---

* 感谢冯胜利教授和林茂灿教授及匿名评审的宝贵意见。若有错漏,实为笔者之责。本研究是天津市哲学社会科学规划研究项目成果,项目编号 TJWW19-009,项目负责人:冯卉。

1. 引言

语体是人们在交际中用语言来表达或确定彼此之间关系和距离的一种语言机制（冯胜利，2010，2012，2017：28～58）。不同学者从语音〔如 Yaeger-Dror（2002）、Winter & Grawunder（2012）、Gu & Fujisaki（2013）、Sherr-Ziarko（2016）、Morris-Haynes et al.（2016）、Fan & Gu（2016）〕、词汇〔如Romaine（2009）、王永娜（2016）〕和语法〔如 Chafe（1982）、Feng（2017）、冯胜利（2017：28～58）〕等角度，对不同情境下的语言使用特点进行了一定的研究，但他们将这种不同归因于礼貌程度的不同〔如 Ofuka et al.（2000）、Winter & Grawunder（2012）、Fan & Gu（2016）、Sherr-Ziarko（2016）〕、语言使用环境的不同（广播还是日常交流）〔如 Gendrot et al.（2012）、Dellwo et al.（2015）〕、交流时态度的不同〔如 Gu & Fujisaki（2013）、Tang et al.（2015）〕。

语体语法认为不同语体的语法存在对立（冯胜利，2010）。自汉语语体语法提出以来，众多研究表明，不同语体在词汇、构词、句法等方面存在相应的语法差异，如胡明扬（1993）、陶红印（1999）、曹先擢（2001）、张伯江（2007）、王永娜（2016）、冯胜利（2017：28～58）等。目前涉及语体差异方面的研究，绝大部分是从词汇和句法层面进行分析，在涉及韵律特征的不同时，以往研究关注的是不同的语气和态度对韵律的影响，在涉及汉语普通话在不同语体中的区别时，极少对语料的语体进行严格区分，更少涉及不同的韵律层级单位在不同语体中的具体表现。

为此，本研究在冯胜利（2010，2012，2017：28～58）语体语法理论框架下，通过语音实验，对汉语正式体和非正式体在黏附组、韵律短语和语调短语三个韵律层级的韵律特征及其语音实现进行探索，探究不同语体在语音和音系层面体现出的规律。

2. 实验设计

我们邀请了20位发音人参与录音：10位播音员（5男5女）和10位非播音员（5男5女）。播音员为播音主持专业学生或电视台播音员，平均年龄24.8岁（标准差=3.4，21～32岁）；非播音员为平时说北京话的京籍在校大学生，这些学生未受过任何播音方面的训练，平均年龄22.5岁（标准差=2.0，20～25岁）。实验开始前，所有人都参与了语体测试，即在以下三种场景中用一句话表达开心：作为儿女在家里和父母聊天、作为校长在毕业典礼上对全校师生发表演讲、作为国家领导人在国际会议上致辞。当应募者在三种场景中的用语表现出明显的语体差异时，才能进入正式实验阶段。

录音在静音室中进行，使用录音软件录制，采样率44 100 Hz，采样精度16 bit，单声道。本实验共有两种语体，非播音员的目标语料为非正式体，播音员的目标语料为正式体，具体语体的情景设定如表1所示。

表1 不同语体的情景设定

语体	关系	态度	场景	内容
正式体（播音员）	播音员与听众	中立	央视新闻联播	政治新闻
非正式体（非播音员）	家人之间	亲密	家人聊天	生活琐事

注："关系、态度、场景、内容"四个维度依据冯胜利（2010）中所提出的"语体要素交叉组配模式图Ⅱ"而设定。

录音时，发音人根据不同的语体和场景设定（参见附录2和3），自然流畅地说出目标语料（参见附录1）。语料为10组短句（中间无逗号，8～11个音节），每组句子音节数量、句法结构相同，但语体不同。用于音高分析的语料还同时满足声调顺序一致的特点。其中的第6～10组语料专门用于分析焦点实现的特点，除焦点词外，其他音节都是阴平声调，以避免邻近音节的影响。非播音员组每录完1句非正式体语料，还需要说出如何在较正式的场合表达相同的意思，以确保其在录音过程中的语体意识。

最终共采集语音样本200句（10句×20位发音人），录制好的语音样本用Praat语音分析软件进行切分，切分单位为音节。用UCLA开发的免费软件VoiceSauce在Matlab环境中提取每个音节的时长和音高值，每个音节内等距离取10个音高点，绘制相应的音高曲线。另外邀请2位受过专业音乐训练的志愿者对录制好的音频（去掉语义信息后）的停顿进行感知，并标记听觉中存在停顿的音节。具体实验结果如下文所述。

3. 黏附组特征分析

本部分比较了附录1第（1）～（3）组语料中黏附成分的韵律特征，包括黏附成分的时长特征和音高特征。

3.1 时长特征

为了探究不同语体中的时长特征，我们分别提取了不同黏附组的时长及黏附成分的时长，并计算了黏附成分在黏附组中所占的比例（详见表2）。初步分析发现：在正式体和非正式体中，黏附成分的平均时长没有统一性。如表2第4列的数据所示，在黏附组"放在"中，正式体的黏附成分"在"的平均时长为128 ms，非正式体中"在"的平均时长为126 ms，且ANOVA检验结果（P=0.730）表明，两种语体中"在"的时长在统计学上不具有显著性差异。在黏附组"仪式上/集市上"中，正式体中"上"的平均时长为197 ms，远大于非正式体中"上"的平均时长（148 ms），并且两组数据的差异具有统计学上的显著性（P=0.000）。在黏附组"发布了/穿上了"中，正式体中"了"的平均时长为116 ms，同样远大于非正式体中"了"的平均时长（87 ms），且该差异具有统计学上的显著性（P<0.050）。在黏附组"同样的"中，正式体中"的"的平均时长为59 ms，小于非正式体中"的"的平均时长（73 ms），且该差异具有统计学上的显著性（P<0.010）。

表2 黏附成分平均时长及时长占比

黏附成分	黏附组	语体	黏附成分时长 / ms		黏附组时长 / ms	黏附成分时长占比 / %
			平均时长	标准差		
在	放在	正式体	128	13	354	36
		非正式体	126	19	299	42
上	仪式上/集市上	正式体	197	18	—*	—*
		非正式体	148	20	—*	—*
了	发布了/穿上了	正式体	116	36	—*	—*
		非正式体	87	22	—*	—*
的	同样的	正式体	59	10	468	13
		非正式体	73	8	419	17

注：本实验中，由于黏附组"仪式上/集市上"和"发布了/穿上了"在两种语体中具有不同的音节组成，时长可能受到影响，因此并未对相关项目进行比较，以"—*"表示。

黏附成分的本质是黏附组中最轻的一个成分（这里的"轻"是相对概念），为此，我们计算了黏附成分在整个黏附组中的时长占比，以考察黏附成分在哪种语体中更轻。我们计算后发现，尽管在平均时长上，正式体与非正式体的黏附成分没有表现出规律性特征，但是，两种语体中黏附组的时长和黏附成分的时长占比的趋势相同。如表2第6列的数据所示，正式体的平均时长比非正式体的平均时长要长。"放在"在正式体中有354 ms，在非正式体中只有299 ms，ANOVA检验结果为P<0.050。"同样的"在正式体中有468 ms，在非正式体中只有419 ms，ANOVA检验结果为P<0.010。如表2第7列的数据所示，正式体黏附成分的时长占比小于非正式体。"放在"中的"在"在两种语体中占比都小于50%，说明黏附成分在黏附组中较轻。该比例在正式体中仅为36%，远小于非正式体（42%），ANOVA检验结果为P<0.020。"同样的"中的"的"在两种语体中占比都小于50%，同样说明黏附成分在黏附组中较轻。该比例在正式体中仅为13%，远小于非正式体（17%），ANOVA检验结果为P<0.010。因此，从黏附成分时长占比来看，在相同的黏附组中，正式体的黏附成分比非正式体的黏附成分更轻。

3.2 音高特征

本部分主要分析黏附成分的音高范围。本实验中主要涉及原调为去声和轻声的黏附成分，前者包括"在"和"上"，后者包括"了"和"的"。从整体实验结果来看，原调为去声的音节在正式体中音高范围更宽，原调为轻声的音节的表现略有不同。

黏附组"放在"的音高曲线如图1a所示。在正式体中，"放"的音高下降73 Hz（女性）和38 Hz（男性），"在"的音高下降30 Hz（女性）和17 Hz（男性）；在非正式体中，"放"的音高下降41 Hz（女性）和16 Hz（男性），"在"的音高下降7 Hz（女性）和4 Hz（男性）。黏附组"仪式上"和"集市上"的音高曲线如图1b所示。在正式体中，"仪"的音高上升34 Hz（女性）和53 Hz（男性），"式"的音高下降39 Hz（女性）和35 Hz（男性），"上"的音高下降26 Hz（女性）和21 Hz（男性）；在非正式体中，"集"的音高上升6 Hz（女性）和11 Hz（男性），"市"的音高下降20 Hz（女性）和11 Hz（男性），"上"的音高下降9 Hz（女性）和6 Hz（男性）。综合ANOVA检验，不区分性别，黏附组的整体情况表明正式体音高下降比非正式体音高下降迅速，且正式体音高范围比非正式体音高范围要大："放在"（80 Hz vs 32

Hz，P<0.010）、"放"（55 Hz vs 29 Hz，P<0.010）、"在"（24 Hz vs 5 Hz，P<0.010），"仪式上/集市上"（87 Hz vs 50 Hz，P=0.024）、"仪/集"（44 Hz vs 16 Hz，P=0.001）、"式/市"（37 Hz vs 21 Hz，P=0.001）和"上"（25 Hz vs 8 Hz，P=0.000）。

另一方面，不论是正式体还是非正式体，虽然原调同为去声，黏附成分"在"的音高下降幅度都远小于它前面的音节。正式体中"在"的平均音高下降幅度是"放"的47%，非正式体中"在"的平均音高下降幅度是"放"的27%；正式体中"上"的平均音高下降幅度是"式"的66%，非正式体中"上"的平均音高下降幅度是"式"的42%。这说明从音高范围来看，黏附成分确实是黏附组中较轻的成分（平均值为47%和27%，以及66%和42%），对应的ANOVA检验结果均为P<0.010。上述表明，正式体中"在"的音高下降幅度大于非正式体，相对音高在正式体中比在非正式体中下降得更快。可以说，相对于非正式体，正式体的"在"和"上"的原调保持得更加完整。

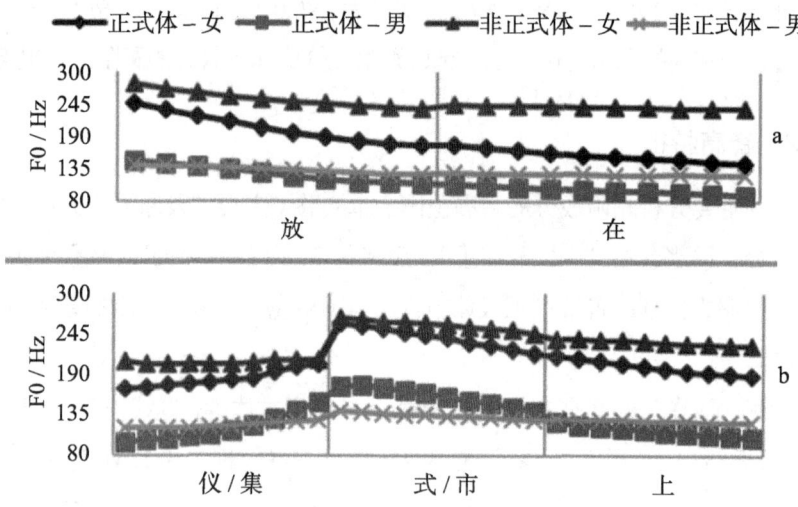

图1　原调为去声的黏附成分音高曲线（a."放在"；b."仪式上/集市上"）

原调为轻声的黏附成分及所在黏附组的音高曲线如图2所示。在图2a中，两种语体中的"发"和"穿"的音高曲线接近水平，音高范围在1Hz～4 Hz之间，维持了音节的原调。在正式语体中，"布"音高下降48 Hz（女性）和29 Hz（男性），呈下倾状；"了"的音高下降5 Hz（女性）和4 Hz（男性），呈水平状。与此相对，在非正式体中，"上"的音高下降44 Hz（女性）和12 Hz（男性），"了"的音高下降24 Hz（女性）和10 Hz（男性），呈下倾趋势。从整体来看，"发布了"的音高下降幅度略小于"穿上了"（47 Hz vs 52 Hz），但是不具统计学显著性（P=0.643）；"布"的音高下降幅度大于"上"（36 Hz vs 25 Hz，P=0.028）；正式体中"了"的音高变化幅度小于非正式体（5 Hz vs 21 Hz，P<0.010）。不论是正式体还是非正式体，黏附成分"了"的音高下降幅度都小于它前面的音节。但是正式体中"了"的调型呈水平状，音高变化幅度为前一音节的13%，非正式体中"了"的调型呈下降状，音高变化幅度仅为前一音节的97%；两个比例具有显著性差异（P<0.010）。

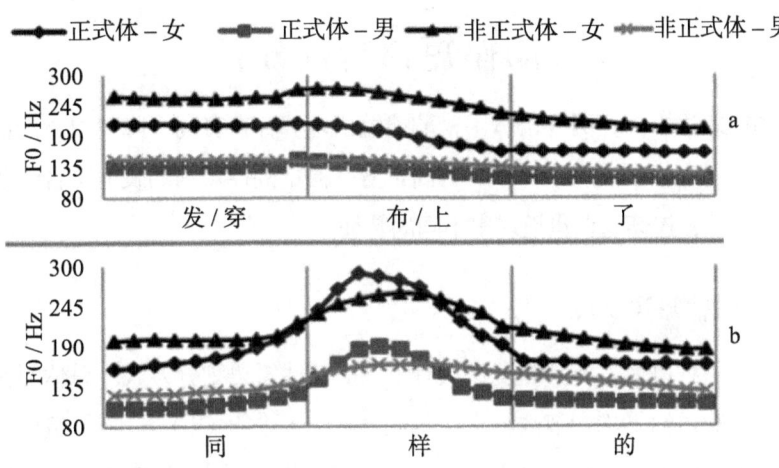

图 2　原调为轻声的黏附成分音高曲线（a. "发布了/穿上了"；b. "同样的"）

黏附组"同样的"的音高曲线如图2（b）所示。在正式体中，"同"的音高上升55 Hz（女性）和21 Hz（男性），"样"的音高下降98 Hz（女性）和70 Hz（男性），"的"的音高曲线接近水平，音高下降6 Hz（女性）和5 Hz（男性）。在非正式语体中，"同"的音高上升24 Hz（女性）和14 Hz（男性），"样"的音高下降46 Hz（女性）和14 Hz（男性），"的"的音高曲线呈下降状，音高下降27 Hz（女性）和24 Hz（男性）。从整体来看，相对于非正式体，在正式体中，"同样的"的音高变化幅度更大（120 Hz vs 70 Hz，P<0.010），"同"的音高上升更多（38 Hz vs 17 Hz，P<0.05），"样"的音高下降更多（89 Hz vs 38 Hz，P<0.010），"的"的音高变化幅度更小（5 Hz vs 28 Hz，P<0.010），同时"的"对应的音高曲线在正式体中呈水平状，在非正式体中呈下降状。不论是正式体还是非正式体，黏附成分"的"的音高下降幅度均小于前面的音节。正式体中"的"的音高变化幅度仅为前一音节的6%，非正式体中对应的数值为89%，且两个比例均值具有显著性差异（P<0.010）。

对比图1和图2，我们发现，本研究的结果与王茂林（2011）的结果部分吻合。王茂林（2011：135～136）所呈现出的4+4和4+0声调组合中，后字的声调下降趋势很明显。本研究中，原调为去声的黏附成分"在"和"上"的正式体的音高曲线保持下降调型，而非正式体的音高曲线接近水平；对于原调为轻声的黏附成分"了"和"的"，正式体的音高曲线接近水平，非正式体的音高曲线呈下降状。这一差异可能与发音人在录制音频时所选用的语体有直接关系。

4. 韵律短语特征分析

在韵律短语层面，两种语体中，韵律短语内都存在音高下降现象，韵律短语之间都存在无声停顿或有声停顿、音高重置。但是韵律短语的长度（音节数）存在差异，另外，连读变调也呈现出不同的特征。

4.1 韵律短语长度

对于同一种语体，不同的发音人有不同的韵律短语划分方式。总体而言，正式体中韵律短语的平均音节数较少。我们对附录1中第（1）～（5）组语料的停顿进行判别：时长在60 ms以上，2位听辨人都能感知到明显停顿。我们将停顿出现的位置用双斜线标识，并注明该处出现停顿的次数（最多10次）和平均时长，结果如下：（一）在第（2）～（5）组语料中，两种语体的主语后都可能出现停顿，其中，正式体中共出现17次，平均时长135 ms；非正式体中共出现2次，平均时长127 ms。（二）在第（3）～（5）组语料中，两种语体的谓语动词后也都可能出现停顿。其中，正式体中共计出现20次，平均时长81 ms；非正式体中未出现60 ms以上的停顿。综合这两类停顿，我们发现，正式体中主语和谓语后出现停顿的频次更高，且停顿时间更长。

4.2 变调特征

由于本研究语料中第（5）组的两个句子在句法结构和声韵调搭配上音系环境较为一致，我们将以此句为例分析不同语体中的连读变调特征。在汉语普通话中，两个上声字相连时，第一个字应变成阳平（对应语料中的"五百"）；"一"做序数词或只单独为数字时，在"平声+上声"前应读"去声"（对应语料中的"一千"）。这样的变调规则在不同语体中呈现出不同的变调特征。

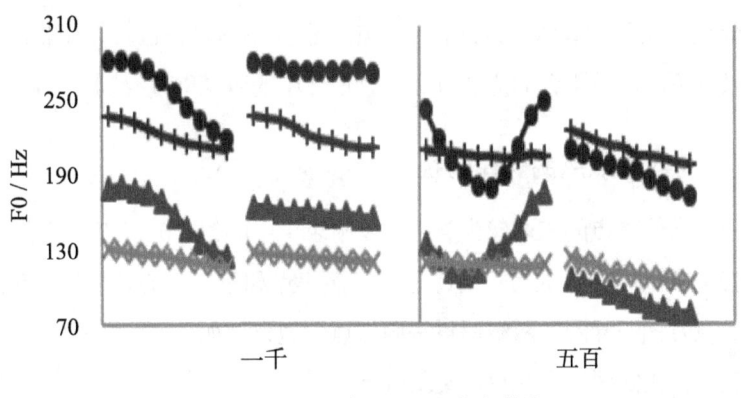

图 3 "一千五百"的音高曲线

如图 3 所示，在正式体中，播音员较好地实现了"一"的变调规则，而在非正式体中，被试并未明显呈现出对这一规则的应用，女生在前后字中呈现出较小的下倾趋势；在上声变调规则的实现上，两种语体均未表现出对这一规则的实际应用，其中，前字"五"在正式体中表现为上声，在非正式体中表现为近似阴平，后字"百"在两种语体中均呈现下倾趋势。

不同语体在前后字时长上也表现出明显差异（详见表 3）。正式体中"一"在韵律词"一千"中的占比高于非正式体（正式体占比为 39%，非正式体占比为 37%，ANOVA 检验显示二者差异存在显著性，P<0.010）。正式体中"五"在韵律词"五百"中的占比也高于非正式体（正式体占比为 58%，非正式体占比为 49%，ANOVA 检验显示二者差异存在显著性，P<0.010）。

表 3 "一千"和"五百"的平均时长对比

韵律词	语体	σ_1 时长 /ms		σ_2 时长 /ms	
		平均时长	标准差	平均时长	标准差
一千	正式体	148	33	236	47
	非正式体	103	19	175	32
五百	正式体	184	26	134	14
	非正式体	114	21	120	16

注：σ_1 和 σ_2 分别表示韵律词中的第一个音节和第二个音节。

5. 强调焦点特征分析

本部分从时长和音高两个方面,分析焦点数量不同时,正式体和非正式体的韵律特征以及不同声调组合的焦点词在两种语体中的音高曲线异同。

5.1 不同数量焦点的韵律特征

本部分以自然焦点的陈述句为参照,以附录1中的第(6)、(7)组语料为例,从时长和音高曲线两个参数特征对比分析自然焦点和单焦点的韵律特征在两种语体中焦点实现方式的异同。两组语料按照焦点类型整理如下:

自然焦点:{正式体:今冬中非突发饥荒。
          非正式体:刚刚阿飞偷吃山楂。

单焦点:{正式体:今冬中非突发饥荒。
        非正式体:刚刚阿飞偷吃山楂。

5.1.1 时长特征

时长是实现重音的语音手段之一。图4展示了自然焦点和单焦点两种句子中可能承载强调重音的韵律词对应的时长。在正式体中,"中非"在单焦点句中承载焦点时,时长为463 ms,远长于其在自然焦点句中的时长(404 ms),ANOVA检验结果为P<0.050。在非正式体中,"阿飞"在单焦点句中承载焦点时,时长为446 ms,远长于其在自然焦点句中的时长(357 ms),ANOVA检验结果为P<0.050。这两种情况均说明:在不同语体中,韵律词承载焦点时,时长均会被拉长。

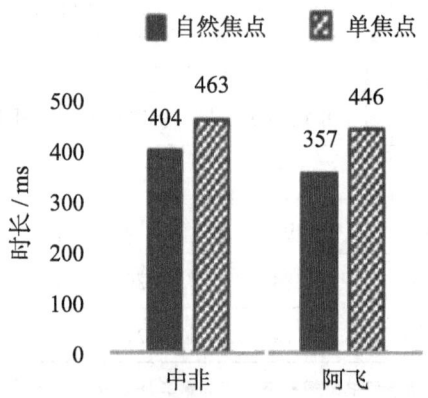

图4 自然焦点和单焦点上的时长对比

考虑到整个句子随着焦点增加时长也在拉长,因此绝对时长的增长不足以表明该韵律词的重读身份。为此,我们进一步比较了四个韵律词的时长在整个句子的时长中占比的平均值。如表4所示,在正式体中,不承载焦点时,"中非"的时长在自然焦点句中占比为25%;承载焦点时,时长占比为整个单焦点句的29%。这说明"中非"承载焦点时,绝对时长和相对时长都拉长了。"饥荒"在单焦点句中不承载重音时,时长占比仅为整个单焦点句的25%,小于在自然焦点句中的占比。这一现象说明在单焦点句中,由于焦点"中非"的存在,"饥荒"的相对时长被压缩了。类似的现象也出现在非正式体中:"阿飞"在自然焦点时时长占比为27%,承载单焦点时时长占比为30%;"山楂"在自然焦点时,时长占比为33%;在前有焦点时,时长占比为30%。

表4 目标韵律词在全句中的时长占比

语体	例词	在自然焦点句中的时长占比	在单焦点句中的时长占比
正式体	中非	25%	**29%**
	饥荒	28%	30%
非正式体	阿飞	27%	**30%**
	山楂	33%	30%

注:加粗数据表示对应韵律词在句子中被重读。

综上,在焦点实现的时长特征上,正式体和非正式体有相同的特征:从绝对时长来看,韵律词承载焦点时的时长大于自然焦点时的时长;从相对时长来看,韵律词承载焦点时的时长占比大于不承载焦点时的时长占比。

5.1.2 音高曲线特征

为比较两种语体焦点实现时音高特征的异同,本部分将绘出自然焦点和单焦点这两种情况的音高曲线图,并比较其异同。

正式体的音高曲线如图5a所示。不同性别发音人的音高走向相同。在自然焦点句中,音高曲线在"中非"的位置都表现为略微突起,原因在于"今冬"和"中非"分处两个韵律短语,"冬"和"中"之间存在音高重置。在单焦点句中,相对于自然焦点句的音高曲线,焦点前音高曲线(今冬)较低,焦点处音高曲线(中非)明显抬升,焦点后音高曲线(突发饥荒)明显压低。

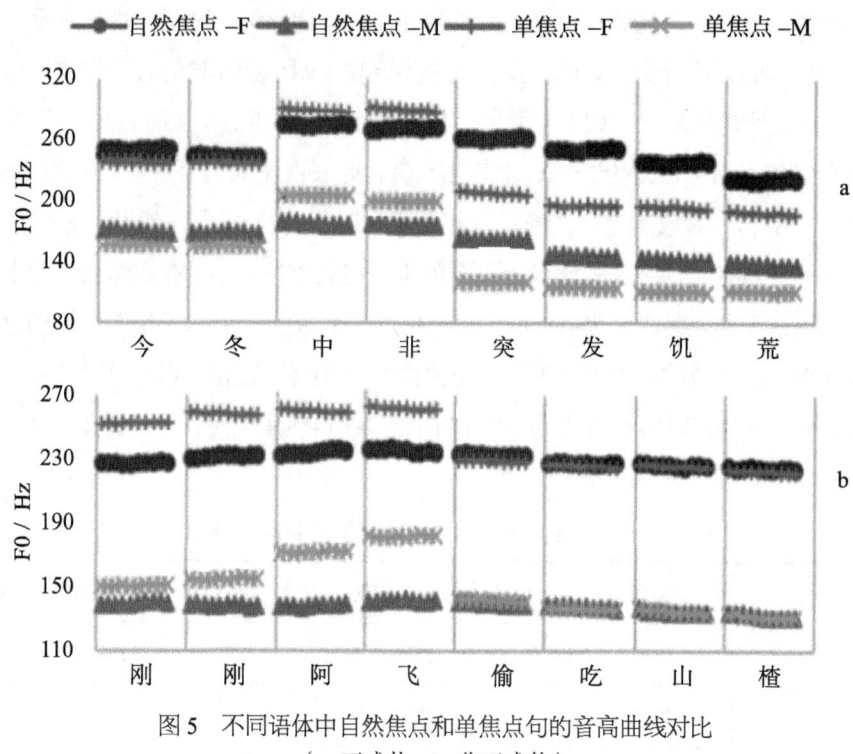

图 5 不同语体中自然焦点和单焦点句的音高曲线对比
（a. 正式体；b. 非正式体）

非正式体中情况略有差异。如图 5b 所示，与正式体相似，非正式体中不同性别发音人的音高走向相同。不同于正式体，非正式体自然焦点句中不存在音高重置，因为非播音员倾向于把所有音节放在一个韵律短语中。在单焦点句中，相对于自然焦点句音高曲线，焦点前音高曲线（刚刚）较高，且男性的高出更多；焦点处音高曲线（阿飞）明显抬升；焦点后音高曲线（偷吃山楂）变化不大，与自然焦点句几近重合。

5.2 不同声调的焦点实现特征

本节分析不同声调组合下焦点韵律词在两种语体中的异同。分析用的语料为附录 1 中的第（7）～（10）组语料。鉴于承载焦点的不同声调组合的韵律词有不同的音节结构，这里不分析时长，只比较音高曲线特征。上述 4 组语料按照声调组合重新整理如下：

阴平—阴平：正式体：今冬中非突发饥荒。
　　　　　　非正式体：刚刚阿飞偷吃山楂。

阴平—阳平：{正式体：今冬埃及突发饥荒。
　　　　　　非正式体：刚刚阿吉偷吃山楂。

阴平—上声：{正式体：今冬伊朗突发饥荒。
　　　　　　非正式体：刚刚阿朗偷吃山楂。

阴平—去声：{正式体：今冬约旦突发饥荒。
　　　　　　非正式体：刚刚阿旦偷吃山楂。

如表5所示，无论是正式体还是非正式体，在焦点词声调组合发生变化时，焦点前后音高曲线的走向均与5.1.2节单焦点句的走向一致，但是相对音高位置存在差异。焦点声调组合变化时，焦点前相差不大：正式体中音高上、下线波动范围为18 Hz和17 Hz，非正式体中音高上、下线波动范围为14 Hz和11 Hz。焦点位置相差明显：正式体中音高上、下线波动范围为160 Hz和120 Hz，非正式体中音高上、下线波动范围只有45 Hz和79 Hz。这一现象说明：随着承载焦点的韵律词声调发生变化，正式体中焦点处的音高曲线波动大于非正式体，这可能是因为正式体中有更大的声调音域。焦点后则是非正式体的波动更大：正式体中音高上、下线波动范围为12 Hz和11 Hz，非正式体中音高上、下线波动范围达到了29 Hz和32 Hz。考虑到非正式体焦点前音高上、下线波动范围都略小于正式体，焦点后音高上、下线的大范围波动表明：相较于正式体，非正式体的焦点后音高曲线音高水平容易受焦点声调变化的影响。

表5　不同语体的音高曲线各部分随焦点声调变化的波动范围　　单位：Hz

语体	音高上线波动范围			音高下线波动范围		
	焦点前	焦点处	焦点后	焦点前	焦点处	焦点后
正式体	18	160	12	17	120	11
非正式体	14	45	29	11	79	32

相同声调组合下，正式体和非正式体的相应音节调型有所差异。阴平—阴平组合在两种语体中调型都没有明显变化。阴平—阳平组合中，非正式体阴平音节音高曲线保持水平状，阳平音节音高曲线保持了上升状；正式体的阴平音节音高曲线保持水平状，阳平音节音高曲线也变为水平状。阴平—上声组合中，非正式体的阴平音节音高曲线保持水平状，上声音节音高曲线保持先下降后上升的形状；而正式体的阴平音节音高曲线变为上升状，上声音节音高曲线只有下降状。

阴平—去声组合中，非正式体的阴平音节音高曲线保持水平状，去声音节音高曲线保持下降状；而正式体的阴平音节音高曲线变为上升状，去声音节音高曲线保持下降状。

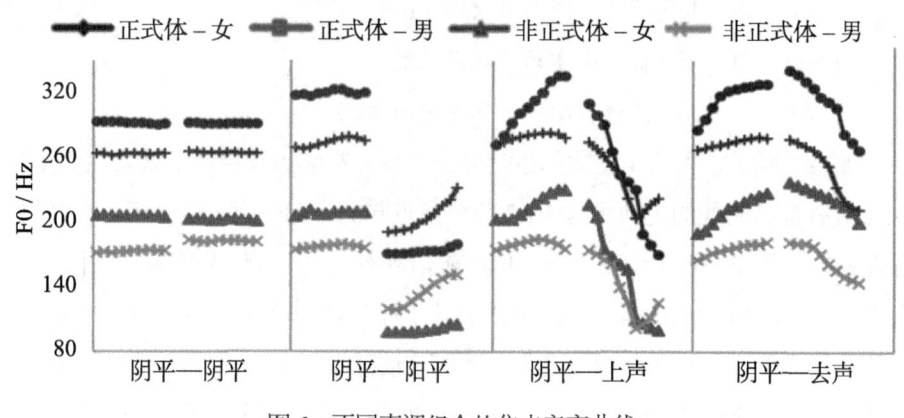

图 6 不同声调组合的焦点音高曲线

承载焦点的韵律词的声调组合对音高曲线有一定的影响：（1）从焦点前后来看，当焦点声调发生变化时，正式体的焦点前后音高曲线所受的影响都不大；非正式体的焦点后音高曲线的音高值会随之变化，但是焦点前音高曲线的音高值所受的影响较小。（2）从焦点处音高曲线来看，正式体的音域较大，非正式体的音域较小；正式体中承载焦点的韵律词存在变调，非正式体中未呈现出变调特征。

6. 结论

为了探究不同语体中不同韵律层级单位的语音和音系表现，本研究在语体语法理论框架下，通过精心设计实验语料，对汉语正式体和非正式体在黏附组、韵律短语和语调短语三个韵律层级的韵律特征及其语音实现进行了探索。

基于语体语法对语体的定义，本研究设计了 10 组正式体和非正式体的语料，邀请了 20 位被试根据给定的语体情景设定（详见表 1）分别自然流畅地说出正式体和非正式体录音内容。研究结果表明，正式体和非正式体的各个韵律层级特征如下。（1）黏附组：正式体的黏附成分在黏附组中的时长占比小于非正式体。音高方面，不同语体中去声黏附成分与轻声的音高曲线具有一致性。轻声黏附成分的音高曲线在正式体中为水平，在非正式体中为下降。（2）韵律短语：正式体中的韵律短语数量更多，因为正式体中有更多的停顿位置，相同的停顿位置有更大的停顿概率。另外，两种语体中的连读变调存在差异性，可能反映了相同韵律词在两种语体中的韵律格式不同。（3）语调短语：当句子中存在焦点时，两种语体都会通过减少其他成分的时长来增加焦点时长。焦点对音高曲线的影响为：在正式体中，音高曲线在焦点处上升，焦点后骤降；在非正式体中，音高曲线在焦点前和焦点处抬高。此外，当焦点的声调发生变化时，非正式体中焦点后成分的音高曲线会随之改变。

  本研究为语体语法提供了新的证据。此前语体研究主要集中在词汇和语法方面，但本研究实验中所获得的数据说明正式体和非正式体的不同韵律层级的语音实现同样存在差异。本文不仅验证了以往的研究结论，也表明韵律研究应该将语体纳入考虑。

参考文献

曹先擢. 2001. 关于普通话文白异读的答问. 辞书研究，（1）：4-11.
冯胜利. 2010. 论语体的机制及其语法属性. 中国语文，（5）：400-412.
冯胜利. 2012. 语体语法："形式—功能对应律"的语言探索. 当代修辞学，（6）：3-12.
冯胜利. 2017. 韵律语法与语体语法的机制及其之间的相关原理 // 冯胜利，李亚非，沈阳. 甲子学者治学谈. 北京：北京语言大学出版社.
胡明扬. 1993. 语体和语法. 汉语学习，（2）：1-4.
陶红印. 1999. 试论语体分类的语法学意义. 当代语言学，（3）：15-24.
王茂林. 2011. 汉语自然话语韵律模式研究. 广州：暨南大学出版社.
王永娜. 2016. 汉语书面正式语体语法的泛时空化特征研究. 北京：中国社会科学出版社.
张伯江. 2007. 语体差异和语法规律. 修辞学习，（2）：1-9.
Chafe W L. 1982. Integration and involvement in speaking, writing, and oral literature. In Tannen D. *Spoken and Written Language: Exploring Orality and Literacy*. Norwood, NJ: Ablex: 261–272.
Dellwo V, Leemann A, Kolly M J. 2015. The recognition of read and spontaneous speech in local vernacular: The case of Zurich German. *Journal of Phonetics*, 48: 13-28.
Fan P, Gu W. 2016. Prosodic cues in polite and rude Mandarin speech. International Symposium on Chinese Spoken Language Processing. IEEE, 2016.
Feng S. 2017. Written language versus spoken language. In Sybesma R. *Encyclopedia of Chinese Language and Linguistics*. Boston: Brill. 598-602.
Gendrot C, Schmid C, Adda-Decker M. 2012. F0 declination in French: broadcast news versus spontaneous speech. *Proceedings of the Nijmegen Workshop in Production & Comprehension of Conversational Speech*, 15-17.
Gu W, Fujisaki H. 2013. Data acquisition and prosodic analysis for Mandarin attitudinal speech. In Peng G. & Shi F. *Eastward Flows the Great River: A Festschrift in Honor of Professor. William S.-Y. Wang on His*

Eightieth Birthday. Hong Kong: City University of Hong Kong Press. 483–500.

Morris-Haynes R, White L, Mattys S. 2016. Listeners' discrimination of read and spontaneous speech is primed by performance of a prior speech production task. *Speech Prosody*. 232-236.

Ofuka E, Mckeown J D, Waterman M. G, et al. 2000. Prosodic cues for rated politeness in Japanese speech. *Speech Communication*, 32.3: 199-217.

Romaine S. 2009. Handbook of multilingualism and multilingual communication. *Language*, 85.2: 457-458.

Sherr-Ziarko E. 2016. Acoustic properties of formality in conversational Japanese. *Interspeech*. 1285-1289.

Tang P, Liu L, Li S, et al. 2015. Cross-linguistic perception of Chinese attitudes praising and blaming. Conference on Asian Spoken Language Research and Evaluation. IEEE. 113-117.

Winter B, Grawunder S. 2012. The phonetic profile of Korean formal and informal speech registers. *Journal of Phonetics*, 40.6: 808-815.

Yaeger-Dror M. 2002. Register and prosodic variation, a cross language comparison. *Journal of Pragmatics*, 34.10: 1495-1536.

附录1：不同语体的给定语料（黑体下画线部分为需要强调的内容）

编号	正式体	非正式体
（1）	应当把民生放在第一位。	应该把毛巾放在浴巾上。
（2）	习近平在仪式上讲话。	兰大娘在集市上买菜。
（3）	朝鲜发布了同样的告示。	我俩穿上了同样的外套。
（4）	伊方和韩方发布联合公告。	伊芳和韩芳偷看言情小说。
（5）	韩国新增一千五百亿负债。	王明刚交一千五百块电费。
（6）	今冬中非突发饥荒。	刚刚阿飞偷吃山楂。
（7）	今冬**中非**突发饥荒。	刚刚**阿飞**偷吃山楂。
（8）	今冬**埃及**突发饥荒。	刚刚**阿吉**偷吃山楂。
（9）	今冬**伊朗**突发饥荒。	刚刚**阿朗**偷吃山楂。
（10）	今冬**约旦**突发饥荒。	刚刚**阿旦**偷吃山楂。

附录2：正式体（播音员）录音语料及其场景设定

1. 录音语料第（1）句内容说明：

新华社北京12月8日电 （记者安蓓）针对近期北方部分地区天然气保供等问题，国家发展改革委有关负责人8日说，在资源供给不能同时满足工业和民生需求的情况下，要始终把保障民生用气放在首位。

报道片段:"……**应当把民生放在第一位**。"

2. 录音语料第(2)句内容说明:

中国共产党新闻网北京 7 月 18 日电　据中国科学院网站消息,7 月 17 日下午,中国科学院院长、党组书记白春礼主持召开座谈会,深入学习了习近平总书记当天上午在中科院考察工作时发表的重要讲话精神。

报道片段:"……**习近平在仪式上讲话**。"

3. 录音语料第(3)句内容说明:

新华社报道,韩国与朝鲜首脑会晤,就朝鲜参加韩国平昌冬季奥林匹克运动会事宜开展磋商。会后,韩国发布公告,称有必要在新的一年改善朝韩关系。随后,朝鲜发布了同样的告示。

报道内容:"……**朝鲜发布了同样的告示**。"

4. 录音语料第(4)句内容说明:

新华社 12 月 23 日电　伊朗与韩国首脑 23 日首尔会晤,双方当天就中东局势发表联合声明,呼吁相关各方立刻采取措施,切实从冲突地区撤出重武器,以缓解地区紧张局势。

报道片段:"……**伊方和韩方发布联合公告**。"

5. 录音语料第(5)句内容说明:

新华社 12 月 2 日报道,韩国企划财政部人士 11 月 30 日透露,韩国政府正力争年内在中国债券市场发行以人民币计价的外汇平准基金债券,这将是外国政府首次在中国内地发行国债。

报道片段:"……**韩国新增一千五百亿负债**。……"

6. 录音语料第(6)~(10)句内容说明:

新华社报道,由于战争、气候、自然灾害等原因,某国本年农作物歉收,导致冬天突然爆发全国性饥荒。

报道片段:

- "……今冬中非突发饥荒。……"(陈述事件,无特殊强调)
- "……今冬**中非**突发饥荒。……"(强调是"中非"而不是别的国家)
- "……今冬**埃及**突发饥荒。……"(强调是"埃及"而不是别的国家)
- "……今冬**伊朗**突发饥荒。……"(强调是"伊朗"而不是别的国家)
- "……今冬**约旦**突发饥荒。……"(强调是"约旦"而不是别的国家)

附录 3：非正式体（非播音员）录音语料及其场景设定

1. 录音语料第（1）句内容说明：

　　场景一　你和妹妹一起叠刚收进来的衣物，你发现妹妹在犹豫把毛巾放哪儿。你对妹妹说：

　　"应该把毛巾放在浴巾上。"

　　场景二：作为酒店主管，你发现工作人员把毛巾和浴巾的位置摆放错了。你指正工作人员时应该如何说？

2. 录音语料第（2）句内容说明：

　　场景一：邻居兰大娘的女儿放假回家了，发现兰大娘不在家，问你有没有看到她。你对她说：

　　"兰大娘在集市上买菜。"

　　场景二：作为新闻记者，你正在报道当地一年一度的集市活动。你应该如何描述？

3. 录音语料第（3）句内容说明：

　　场景一：妈妈问你们为什么这么开心。你对妈妈说：

　　"我俩穿上了同样的外套。"

　　场景二：作为奥运会解说员，正好电视台播到中国代表队出场，他们的服饰一样，你应该如何解说？

4. 录音语料第（4）句内容说明：

　　场景一：吃晚饭的时候，你说今天放学后班主任又批评人了，妈妈问为什么，你对妈妈说：

　　"伊芳和韩芳偷看言情小说。"

　　场景二：作为教导处主任，巡视时发现高三班有同学上课偷看小说。在全校大会上，你批评时应该如何说？

5. 录音语料第（5）句内容说明：

　　场景一：家里突然停电了，有人问是不是没电了。你说：

　　"王明刚交一千五百块电费。"

　　场景二：政府领导过来巡视的时候刚好停电，人群熙熙攘攘，有人说是不是没电费了。你应该如何说？

6. 录音语料第（6）~（10）句内容说明：

    场景说明：

家人担心你三岁的弟弟酸到牙齿，所以不让他吃酸的东西。刚刚只有你和他在客厅，你看电视的时候，不经意回头看到他正在吃山楂，于是哈哈大笑。在厨房的妈妈听到了笑声，问你发生什么了，你回答说：

"刚刚阿飞偷吃山楂。"

妈妈没有听清楚，问你刚刚谁偷吃山楂，你回答说：

- "刚刚阿飞偷吃山楂。"
- "刚刚阿吉偷吃山楂。"
- "刚刚阿朗偷吃山楂。"
- "刚刚阿旦偷吃山楂。"

The Comparsion and Analysis of Prosodic Features in Chinese Formal and Informal Speech

Feng, Hui & Hu, Dan

School of Foreign Languages and Literature, Tianjin University

Abstract: Register is a language mechanism used to determine or adjust social relationships and distances between the speaker and the hearer in communication. Chinese Register Grammar (CRG) maintains that languages of different registers have different grammars due to parallelism between function and form. Until now, based on CRG, many studies have reported grammatical differences in different registers in terms of lexicon, morphology and syntax. However, acoustic analysis in CRG is comparatively rare, especially in prosodic features of different prosodic categories. Thus, the present study conducts phonetic experiments to explore prosodic features of formal and informal speech in terms of prosodic clitics, prosodic phrases and intonational phrases.

Based on the definition of Register in CRG, this research designs 10 pairs of stimuli. Sentences within each pair for the formal and informal speech are identical in syllable numbers (8-11 syllables), tonal combinations and syntactic structures, as shown in Table 1.

Table 1 Recording materials

No.	Chinese formal speech	Chinese informal speech
1	应当把民生放在第一位。 Yīng Dāng Bǎ Mín Shēng Fàng Zài Dì Yī Wèi. "People's livelihood should be put at the first place."	应该把毛巾放在浴巾上。 Yīng Gaī Bǎ Máo Jīn Fàng Zài Yù Jīn Shàng. "Towels should be put on bath towels."
2	习近平在仪式上讲话。 Xí Jìn Píng Zài Yí Shì Shang Jiǎng Huà. "Xi Jinping gave a speech at the ceremony."	兰大娘在集市上买菜。 Lán Dà Niáng Zài Jí Shì Shang Mǎi Cài. "Aunt Lan is buying vegetables at the market."
3	朝鲜发布了同样的告示。 Cháo Xiǎn Fā Bù Le Tóng Yàng De Gào Shì. "North Korea issued the same notice."	我俩穿上了同样的外套。 Wǒ Liǎ Chuān Shàng Le Tóng Yàng De Wài Tào. "We wear the same coat."
4	伊方和韩方发布联合公告。 Yī Fāng Hé Hán Fāng Fā Bù Lián Hé Gōng Gào. "Iran and South Korea announced a joint announcement."	伊芳和韩芳偷看言情小说。 Yī Fāng Hé Hán Fāng Tōu Kàn Yán Qíng Xiaǒ Shuō. "Yi Fang and Han Fang peeked into romantic novels."

（续表）

No.	Chinese formal speech	Chinese informal speech
5	韩国新增一千五百亿负债。 Hán Guó Xīn Zēng Yī Qiān Wǔ Bǎi Yì Fù Zhài. "South Korea adds 150 billion liabilities."	王明刚交一千五百块电费。 Wáng Míng Gāng Jiāo Yī Qiān Wǔ Bǎi Kuài Diàn Fèi. "Wang Ming just paid 1,500 *yuan* electric bills."
6	今冬中非突发饥荒。 Jīn Dōng Zhō Fēi Tū Fā Jī Huāng. "This winter, famine broke out in Central Africa."	刚刚阿飞偷吃山楂。 Gāng Gāng Ā Fēi Tōu Chī Shān Zhā. "Just now, Afei pilfered a hawthorn."
7	今冬**中非**突发饥荒。（with "中非" stressed） Jīn Dōng **Zhōng Fēi** Tū Fā Jī Huāng. "This winter, famine broke out in **Central Africa**."	刚刚**阿飞**偷吃山楂。（with "阿飞" stressed） Gāng Gāng **Ā Fēi** Tōu Chī Shān Zhā. "Just now, **Afei** pilfered a hawthorn."
8	今冬**埃及**突发饥荒。（with "埃及" stressed） Jīn Dōng **Āi Jí** Tū Fā Jī Huāng. "This winter, famine broke out in **Egypt**."	刚刚**阿吉**偷吃山楂。（with "阿吉" stressed） Gāng Gāng **Ā Jí** Tōu Chī Shān Zhā. "Just now, **Aji** pilfered a hawthorn."
9	今冬**伊朗**突发饥荒。（with "伊朗" stressed） Jīn Dōng **Yī Lǎng** Tū Fā Jī Huāng. "This winter, famine broke out in **Iran**."	刚刚**阿朗**偷吃山楂。（with "阿朗" stressed） Gāng Gāng **Ā Lǎng** Tōu Chī Shān Zhā. "Just now, **Alang** pilfered a hawthorn."
10	今冬**约旦**突发饥荒。（with "约旦" stressed） Jīn Dōng **Yuē Dàn** Tū Fā Jī Huāng. "This winter, famine broke out in **Jordan**."	刚刚**阿旦**偷吃山楂。（with "阿旦" stressed） Gāng Gāng **Ā Dàn** Tōu Chī Shān Zhā. "Just now, **Adan** pilfered a hawthorn."

Considering the register of these recording materials, the relationship between the speaker and the hearer, the attitude of the speaker, the occasion of speech, and the content of speech are decided as shown in Table 2.

Table 2　Register details of stimuli

Speech	Relationship	Attitude	Occasion	Content
Chinese formal speech	Announcer and audience	Neutral	CCTV news	Politics
Chinese informal speech	Families	Intimate	Family talking	Daily life

Twenty participants are invited in the production experiment, 10 Chinese announcers (the CA group) and 10 non-announcers (the BS group), gender balanced. The participants were all born and brought up in Beijing, speak Beijing Mandarin in their daily conversation. According to the given settings (the relationship between the speaker and the hearer, the attitude of the speaker, the occasion of speech, and the content of speech) of the communication, each produce stimuli naturally and frequently. Besides, two well-trained musicians are invited to judge pauses and breaks in each recording.

Results indicate that more pauses or breaks, longer syllable duration and larger pitch range are observed in formal speech. Findings of prosodic features in each prosodic category are as follows: (1) At the prosodic-clitic level, duration proportion of the clitics in formal speech is smaller than in informal speech. F0 contours of clitics in formal speech are more independent of their preceding syllables, while F0 contours in informal speech are more dependent on the overall pitch contour of the sentence; (2) At the prosodic-phrase level, the number of prosodic phrases is larger in formal speech. Tone sandhi rules are realized in different ways in these two registers. Tone variation prediction from phonological rules and prominence prediction from syntactic analysis are only realized in informal speech; (3) At the intonational-phrase level, post focus compression and on-focus F0 rising can be observed in both registers, while only in informal speech, there is an F0 rising on the pre-focus syllable. Duration of the focused syllables in the two registers are both realized by increasing duration proportion of the focused syllables and decreasing the proportion of pre-focus and post-focus syllables.

Keywords: Stylistic-Register Grammar (SRG); formal speech; informal speech; prosodic hierarchy; prosodic features

冯 卉

天津大学外国语言与文学学院

fenghui@tju.edu.cn

胡 丹

天津大学外国语言与文学学院

hudan@tju.edu.cn

圆融自洽 后出转精 *

——《汉语的双音化》述评

曹小云

摘 要 汉语的双音化问题，历久弥新，是汉语（史）研究的重要议题；其背后的动因更是汉语（史）研究亟待解决的重大问题。《汉语的双音化》应时而作，在以往研究的基础上，构建理论，从词法、句法、词汇化三个角度讨论了双音化的运作方式。该书系统、全面、深入，具有较高的启发性。

关键词 《汉语的双音化》 述评 韵律

1. 引言

《汉语的双音化》（"汉语韵律语法丛书"之一，北京语言大学出版社，2018年出版）一书尽管篇幅不大，但却是迄今为止，对汉语双音化问题讨论得最为系统、全面、深入，也是最具有理论色彩、最具启发性的一部著作。

在过去的半个多世纪里，"汉语双音化"这一问题，一直受到学术界的关注。郭绍虞（1938）、王力（1944，1980，1989）、高本汉（Karlgren，1949）、吕叔湘（1963）、赵元任（Chao，1968）、Li & Thompson（1981）、汤廷池（1988）以及《汉语双音化》作者之一冯胜利（Feng，1998）等多位前辈学者，围绕汉语双音

---

* 本文的定稿得益于《韵律语法研究》匿名审稿专家的宝贵意见。谨致谢忱。

化问题,从功能到韵律,从偏好到规则,等等,发表了很多真知灼见,为进一步深入研究汉语双音化问题奠定了坚实的基础。

然而,"半个多世纪过去了,以往每一次提出的解释都因面临这样或那样的问题,最终陷入前跋后疐的境地"(庄会彬等,2018:237)。如何进一步推进汉语双音化的研究?从哪些方面进一步观察可以得到更为圆融自洽的解释?如何加强对汉语双音化问题的理论思考?如何提升对汉语双音化现象的解释力?带着这样的问题,我们有幸读到了庄会彬、赵璞嵩、冯胜利三位先生合著的《汉语的双音化》一书。

2. 基本内容

《汉语的双音化》一书是以韵律语法的思想为基础,从音步转型的新视角对汉语双音化进行阐释的。全书由七个部分构成,涉及大量的语音学、音系学、形态学,以及词法、句法、韵律等各层面的语言现象。作者围绕汉语双音化问题,先是追本溯源,从上古汉语音节结构谈起,讨论了汉语音节的演化方向、演化方式、演化类型、演化结果等问题;接着讨论音步转型以及由此带来的汉语双音化现象;然后用较大的篇幅讨论了词法运作、句法运作、词汇化的双音化表现。举例丰富,分析细致,讨论充分,逻辑严密,具有很强的理论色彩。

第一章为"双音化概说"。该章旨在厘清何谓双音化这一概念,向读者展示汉语史上双音化的表现。该章分为三节:第一节对双音化的概念做出界定;第二节展示双音化的历史表现;最后一节给出全书的结构。

第二章为"古今学者对双音化的解释"。该章对以往与双音化有关的研究文献做了全面综述。作者将现有观点分为两大类、七小类。具体如图1所示:

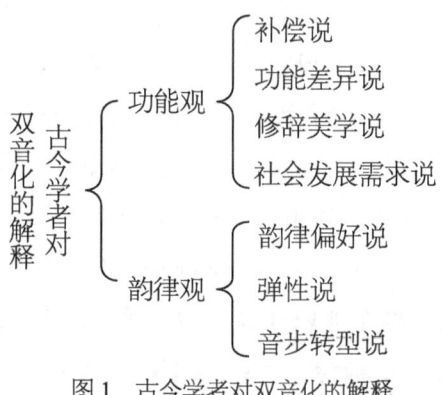

图1 古今学者对双音化的解释

第三章为"双音化的韵律基础"。该章论述了双音化的韵律基础。这一部分主要涉及韵律语法理论、上古汉语的单音节音步面貌以及汉语史上的音步转型问题。上古汉语中双韵素音步的消失源于辅音韵尾和辅音丛韵尾的脱落,这种脱落分别导致了重音节和超重音节的消失。这一变化导致了汉语史上音步的转型——双音节音步取代双韵素音步以弥补其失。音步又关乎(韵律)词,因此,汉语史上的音步转型给汉语带来了一个直接的影响——词汇双音化。总之,上古汉语到中古汉语的音节结构的演变就是双韵素音步到双音节音步的演变,这就是"双音化"的历史来源。

第四章到第六章从"词法运作""句法运作""词汇化"三个角度讨论双音化运作方式等问题。

第四章为"汉语双音化:词法运作"。作者指出,单音节的双音化在不同时期主要实现方式可能有所不同。最早的双音化手段可能是重叠,中间历经加缀、增加类名等,最后逐渐以复合为主。多音节的双音化指三音节及三音节以上的多音节词变为双音词,其手段主要是缩略、截略、总括等。

第五章为"汉语双音化:句法运作"。作者认为,汉语双音化的句法运作主要体现在句法词、并入、填位三个方面。三者虽然都可以为汉语的双音化服务,但实际却是由不同的机制促发的。具体说来,句法词现象以句法手段造词,是汉语词干化后句法机制发挥作用的结果;并入现象中的动词并入、介词并入是双音化这一韵律机制所促发,而名词并入虽然同样是韵律机制促发,但它肇始于核心重音的指派问题,之所以变成双音则主要是最小词的要求;填位现象中,义素析出完全是为了满足双音化的要求,而轻动词填位则是轻动词出现后所带来的一个副产品。

第六章为"汉语双音化:词汇化"。作者指出,除了化短语为复合词之外,词汇化还包括一种化(句法)词为(复合)词的现象。在该章中,作者敏锐地指出,词汇化是双音化的结果,而非双音化的原因;词汇化为双音化现象做了一个较好的注脚:一来是因为经过词汇化,双音化阵容添员加将,出现了许多通过前两种双音化手段无法生成的现象,如"否则""然而""及其""学而""而立"等;二来是通过词汇化(及其类推作用),复合构词法得以建立和发展,成为今天最为重要的造词法（之一）。

第七章为"双音化对汉语的影响"。音步转型之后，汉语词汇的面貌发生了根本的改变：成批的韵律词既已成熟，不仅造成大量双音节新兴词汇的暴涨，而且出现了大量的"单双对应词"，如"杀—杀戮""陨—陨零""零—零落""害—迫害""祸—祸害"等等。音步结构终于触动和改变了汉语词汇的整个面貌，铸成了汉语从屈折到派生的词汇构造法系统。汉语的双音化影响深远，它不仅给汉语带来了双音节音步，导致了整个汉语史上的双音化主导潮流，同时还带来了一系列的其他问题，如词类难辨现象，单双音节功能、语义、搭配差异现象，四字格现象，等等。限于篇幅，作者提纲挈领，以简驭繁，仅就三点展开讨论，即"词类问题""单双音节差异""四字格现象"。而这三点足以彰显当今汉语的特点。

3. 简要评价

《汉语的双音化》一书，作为历史上第一部研究汉语双音化问题的专著，突破了以往研究的藩篱，开创性地提出了韵律（具体而言，是音步转型）导致双音化的观点。作者通过大量的文献整理，以不争的事实向学界表明，汉语的双音化问题是一个韵律问题，为解决这个长久困惑学界的问题迈出了最为坚实的一步。

除了其观点及视角令人耳目一新，该书还为汉语乃至其他语言的研究提供了发现问题与解决问题的新方法。该书严格贯彻了现代科学的方法，即尽观察、准分类、掘属性、建通理、溯因推理、演绎推理、有无预测和核验现实（冯胜利，2016）。具体而言，该书作为一部系统研究汉语双音化问题的著作，在以下几个方面特别值得称道：

第一，文献梳理系统全面。作者在梳理文献方面的功夫颇值得一书。作者对中外学者有关双音化及相关问题研究的文献进行了穷尽式的搜罗整理，编制了由近300条文献构成的"参考文献"。这份目录本身，就是一份珍贵的学术文献，具有极高的学术含量。[①] 作者经过一番梳理回顾，汇总成表1。

[①] 当然，汉语双音化方面成果丰硕，该书作者虽是努力，但也难免挂一漏万。有一些重要的研究成果该书尚未提及，如伍宗文的《先秦汉语复音词研究》（2001）等。

表1 古今学者对双音节化的解释[①]

共时维度	历时维度	
	自古而然	古今不同
功能观	功能差异说	补偿说
	修辞美学说	词汇扩展说
韵律观	弹性说	音步转型说
	韵律偏好说	

作者同时指出,在双音化的来源上,古今学者虽然有过大量的研究,但目前仍然聚讼纷纭,莫衷一是。诸多意见可分为两类:一是自古而然说(郭绍虞,1938);二为后来发展说(王力,1980)。相对而言,"自古而然说"难以成立。而"功能"也不能作为内部语言机制的决定性因素。如果说双音化的发展由功能作用而致,它更多的也是外因,而不是内因。韵律观,特别是从历时视角发展而来的"音步转型说"则成为不二之选。

第二,化繁为简,统一解释。上面已经谈到,汉语双音化的问题,涉及的方面纷繁复杂,如重叠、加缀、添加类名、复合、缩略、截略、总括、句法词、并入、填位、词汇化等。该书作者却能化繁为简,从大处着眼,紧抓词法、句法、词汇化三个方面,以类概之,从而达到纲举目张之目,使纷繁复杂的双音化现象变得逐渐清晰起来。具体如图2所示:

---

① 表1内容在形式呈现上有微调。

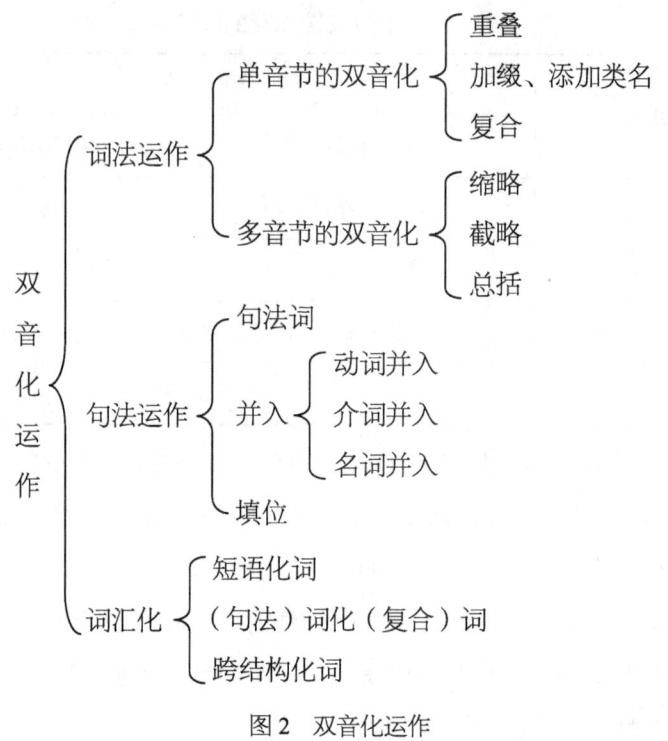

图 2　双音化运作

这种统一解释或许与作者的研究背景有关,但从中也可以窥见作者所下的功夫。

第三,解释具备自洽性。《汉语的双音化》是目前讨论汉语双音化问题著作中最具自洽性的一部专著。譬如,作者以充足的证据揭示出:上古汉语的复杂音节确保了双韵素音步,从而使得上古汉语词汇能以单音节形式呈现。然而,随着汉语音节结构简化为 CV 结构,加上声调产生抹平了多韵素音节与单韵素音节的差异,韵素音步无法在一个音节之内实现,它只能联合另一个音节构成双音节音步。汉语由此走上了双音化的道路。作者进而指出,汉语早期的双音化除了在语音上造成"一生二"而外,更多的是借助于词组、短语在句子中实现,因为当时汉语一音一义,而一音又不足以成音步,于是就促发了大量的双音节短语以韵律词的身份"出没往返"于使用者之间。短语久用则固化,因此时至东周便有了大量的固化短语。固化需要时间才能词化,因此其后(秦汉之际)才能看到成批的词化韵律词。

第四,透过现象看本质。书中对很多现象(或者说以往的解释)做到了透过现象看本质。譬如，针对曾经长期阻碍学者们探究双音化真正动因问题的功能说，作者（庄会彬等，2018：24）就提出了发人深思的问题："双音化和功能差异哪个为因哪个为果？是先有双音化还是先有功能差异？考虑到上古汉语以单音节为主（极少有双音节词），可以断定，这种与单双音节对应的语法、语义功能是后来发展起来的。那么到底是功能差异促使了双音化的发展（诱因），还是双音化带来了功能差异（结果）？"作者的疑问对进一步讨论双音化之本源问题无疑具有十分重要的启发作用。之后作者再带着读者抽丝剥茧，带读者走出种种误区，一步一步把问题说明白。最终得出结论（见第七章）：单双音节功能上的差别是双音化的结果，而非双音化的动因。

《汉语的双音化》是不同学术领域学者强强合作的产物。第一作者庄会彬，擅长历史语言学研究；第二作者赵璞嵩，专擅上古音研究；第三作者冯胜利，汉语韵律语法理论的集大成者。三位学者凭借各自的学术专擅，通力合作，成就了《汉语的双音化》一书。《汉语的双音化》的问世，也为今后解决汉语重大学术问题提供了一个成功的范例。汉语的双音化是汉语发展史上的一件大事。《汉语的双音化》一书系统而全面地考察了汉语双音化的原因、表现及其影响，推进了学术界对这一问题的理论思考与对这一问题研究的深度与广度，值得学术界高度关注与重视。

参考文献

冯胜利 . 2016. 汉语韵律语法问答 . 北京：北京语言大学出版社 .
郭绍虞 . 1938. 中国语词之弹性作用 . 燕京学报，(24)：1-34.
吕叔湘 . 1963. 现代汉语单双音节问题初探 . 中国语文，(1)：10-22.
汤廷池 . 1988. 也谈"汉语是单音节语言吗？". 汉语词法句法论集 . 台北：学生书局，553-556.
王　力 . 1944. 中国语法理论 . 上海：商务印书馆 .
王　力 . 1980. 汉语史稿 . 北京：中华书局 .
王　力 . 1989. 汉语语法史 . 北京：商务印书馆 .
伍宗文 . 2001. 先秦汉语复音词研究 . 成都：巴蜀书社 .
庄会彬，赵璞嵩，冯胜利 . 2018. 汉语的双音化 . 北京：北京语言大学出版社 .
Chao, Yuen Ren (赵元任). 1968. *A Grammar of Spoken Chinese*. Berkeley: University of California Press.
Feng, Shengli (冯胜利). 1998. Prosodically motivated passive Bei constructions in Classical Chinese. *The 1998 Yearbook of the Linguistic Association of Finland*. 41-68.
Karlgren, Bernard (高本汉). 1949. *The Chinese Language: An Essay on Its Nature and History*. New York:

The Ronald Press Company.

Li, Charles N. & Sandra A. Thompson. 1981. *Mandarin Chinese: A Functional Reference Grammar*. Berkeley and Los Angeles: University of California Press.

A Review of *The Disyllabification in Chinese*

Cao, Xiaoyun

School of Literature, Hefei Normal University

Abstract: The disyllabification in Chinese, being an important issue in the study of Chinese grammar as well as the history of Chinese, has challenged many scholars in the past 80 years. Many accounts have been put forward since Guo Shaoyu (1938), thus paving the way for a sound explanation. *The Disyllabification in Chinese*, coauthored by Zhuang Huibin, Zhao Pusong and Feng Shengli, has provided a new perspective for this topic — prosody. On the basis of previous studies, this book establishes a new theoretical framework from prosody, and explains disyllabification from three aspects, i.e., morphology, syntax and lexicalization.

The book consists of seven chapters. The introductory chapter demonstrates the general features discovered in the history of the Chinese language.

Chapter Two provides a review of previous studies both at home and abroad. The authors summarize the literature into two main accounts: the functional account and the prosodic account. The former consists of reimbursing, functional contrasting, rhetorical aesthetics, and social requirements, while the latter consists of rhythmic preference, elastic words, and foot shifting. Finally, the present study points out that only a foot shift account can explain the disyllabification of Chinese.

Chapter Three lays out a theoretical foundation for disyllabification. It is believed that the weakening and dropping of coda of syllables in Old Chinese triggers the foot shift, and disyllabification begins, as a result.

Chapters Four to Six discuss the disyllabification from three points of view, namely, morphology, syntax and lexicalization. In Chapter Four, three main means of morphological disyllabification are provided, that is, reduplication, clipping and summarization. Chapter Five focuses on syntactic operations of disyllabification, i.e., syntactic words, incorporation and syntactic gap-filling. Chapter Six mainly points out that lexicalization, being a consequence of disyllabification, also contributes in this process.

Chapter Seven, the last chapter, discusses the influence of disyllabification, which not only enlarges the vocabulary of Chinese, but also causes a lot of problems, such as blurring the boundary of word classes as well as bringing the difficulty of collocating.

After the summary, the current author provides his own evaluation of the book. He praises that the book achieves a high standard in several aspects: literature review, unified account, self-sufficient explanation, and in-depth observation.

The last part is the conclusion.

Keywords: *The Disyllabification in Chinese*; review; prosody

曹小云
合肥师范学院文学院
910161541@qq.com

材料与观点

语法深受韵律影响和制约,这是汉语的一大特点。这一特点不仅反映在现代汉语中,也早就存在于古代汉语中;不仅为近当代学者(如黄侃、郭绍虞、吕叔湘等)所关注,也早为历史语文学家和训诂学家(如郑玄、孔颖达、王念孙等)所揭橥。当代学者的研究成果历历在目,古人研究的材料与观点则有待发掘与整理。本期的"材料与观点"取自孔颖达等的《五经正义》,其中"圆文""协句""足句"等术语均针对韵律语法现象而发,不仅证明汉语韵律语法自古而然,而且证明中国学者对韵律语法的发明同样自古而然——这无疑为汉语语法研究史提供了一个新领域、新天地。

——编者

从圆文、协句、足句等术语看《五经正义》中的韵律观念 *

苏 婧

1. 引言

《五经正义》(以下简称《正义》)是唐初孔颖达等人奉诏编写的义疏性著作。"五经"即《诗经》《尚书》《礼记》《周易》《春秋左传》。作为一部官书,《正义》对后世产生了重要影响,是训诂学史上的重要著作,既继承前人的解释,又有所推进。赵振铎(2000:190)总结道:"从我国语言学发展的历史来看,它(《正

---

* 本文在写作过程中曾受恩师冯胜利先生指导,并与学友王利、刘丽媛多番交流。本文也得到《韵律语法研究》编辑及匿名评审专家的宝贵意见,谨此致谢。

义》) 对语言结构规则的说明更有价值。它几乎涉及语法的方方面面，许多是它以前的学者没有谈到的，很值得进一步研究总结。"

石云孙（1985）、冯卉（2011）等学者也注意到,《正义》会解释经典原文中的修辞表达方式，也体现出了当时注家的修辞观念。他们把《正义》中词义、语法之外的解释放在修辞层面，其中有些现象实际体现的是"韵律之法"，而《正义》也对其进行了解释。孔颖达发明总结了经传的特殊辞例，除了沿用前代郑玄等人设立的训解用语之外,《正义》中也有自己独特的专门用语。Feng（1998）即已揭示，《正义》中指出经典中在有些情况下使用双音节词是为了"足句"（to fulfil the sentence）、"圆文"（to round off the sentence）、"协句"（to balance the sentence），足句、圆文、协句与句子的句法或语义无关，而是与韵律有关。①冯胜利（2017）又特别以圆文为例，再次指出《正义》中还有很多相关的内容，体现了古人注意而今人忽视了的语法中的"韵律语法"，值得研究。在此启发下，本文将从圆文、协句、足句这些术语出发，重新审视《正义》，发掘其中韵律方面的训解，另有一些零散的现象则有待继续研究。

需要说明的是，《正义》中韵律方面的训解既有针对原文的，也有针对前人注释的。从注释种类来说，《正义》属于"疏"类，不仅注释经典原文，而且还疏释前人的注解。大都秉持"注不驳经、疏不破注"的原则，尽力弥缝经文、注文相互间的差异甚至抵牾。有时从句法、语义层面仍无法充分解释问题，《正义》便会从韵律角度入手。即便如此，也会出现不合理或不合原意的情况，后人便以此批评《正义》"曲徇注文"。然而，这恰可透露出孔颖达等人的韵律观念。本文尝试从孔氏等人的立场分析这类疏文，着重分析其韵律观念，而其解经之是非得失并不在讨论范围。

2. 现象与分析

在《正义》中，圆文出现了3次，两次在《春秋左传正义》的同一篇中，第一个例子即：

（1）迭我殽地，奸绝我好，伐我保城，殄灭我费滑，散离我兄弟，挠乱我同

---

① 薛安琴（1991）认为，"连言以协句"和"圆文"是一事异称，其目的是为了调整音节，造成一种和谐完美的节奏，让读者感到流畅适口。我们认为，协句、圆文是为了满足韵律的要求，而连言则属于所采取的手段。

盟，倾覆我国家。(《左传·成公十三年》)

正义："秦惟灭滑，不灭费，知费即滑也，国都于费，国邑并举以<u>圆文</u>耳。"

例（1）中，"费"是滑的国都，"滑"是国家，秦灭的是滑国。《左传》中并举"费""滑"，两者不会影响句法结构，在语义上反而会造成冗余，在语音上增加了音节数量。《正义》在这里特意做出解释：并举是为了圆文，即圆足文章。再来看第二例：

（2）入我河县，焚我箕郜，芟夷我农功，<u>虔刘</u>我边陲。(《左传·成公十三年》)

杜预注：虔、刘皆杀也。

正义："'刘，杀'，《释诂》文。《方言》云：'虔，杀也。'重言杀者，亦<u>圆文</u>耳。"

Feng（1998）认为，例（2）中"虔""刘"都是"杀"的意思，同时出现并不是为了句法或语义，而是为了满足韵律需求。与例（1）相类，这里同样是增加音节以达成圆文。"虔""刘"都是表示"杀"这一动作的动词，语义相同，句法功能也相同，在经典文献中还可以独立使用，如：

（3）重我民，无尽<u>刘</u>。(《尚书·盘庚上》)

孔传："刘，杀也。"[①]

在名词短语"我边陲"之前如果只出现一个表示"杀"的动词，"虔我边陲"或"刘我边陲"在句法和语义上也是完全合法的。"重言"并没有影响句子的结构或语义，只是增加了音节，也即圆文是通过音节的增加而达成的，影响的是文章的韵律，这属于韵律现象。

还有一处圆文作"圆其文"：

（4）分康叔以大路、少帛、綪茷、<u>旃旌</u>、大吕。(《左传·定公四年》)

正义："《周礼·司常》云：'通帛为旜，杂帛为物。'郑玄云：'通帛谓大赤，从周正色，无饰。杂帛者，以帛素饰其侧，白，殷之正色。'[②]大赤是通帛，知少帛是杂帛也。《释草》云：'茹藘，茅蒐。'郭璞曰：'今之蒨也，可以染绛。'则綪是染赤之草。茷即旆也，《尔雅》：'继旐曰旆。'旐是旗身，旆是旗尾。尾犹用赤，则通身皆赤。知綪茷是大赤，大赤即今之红旗，取染赤之草为名也。盖王以通帛、杂帛并赐卫也。然则大赤即是旃也，于綪茷之下更言旃者，茷言旗尾，旃言旗身，

[①] 评审专家建议此处采用一个与《左传》时代更接近的例子。此例中的"刘"被直接注解为"杀"，我们暂时没有在先秦文献中找到更为合适的例子。

[②] 蒙评审专家提示，此处及附录"一、圆文"第3条，采用杨树达《积微居小学金石论丛·释旃》(2014：16)中的断句。

<u>圆其文</u>，故具言耳。若其不然，旌是干之所建，旗皆有旌，少帛、旃旆之后，何须更复言旌？<u>明是圆其文，故重言之</u>。"

"綪"是用来染红色的草，"茷"是旗尾，"綪茷"就是红色的旗子。"旃"是红色的、没有装饰、曲柄的旗子。"旌"是古代旗杆上端的装饰，或者是旗子的通称。"綪茷"与"旃"在语义上重复了，而孔疏认为"旗皆有旌"，"旌"更是多余的，"何须更复言旌"？加上"旃旌"，没有改变句法结构，也没有改变语义，孔疏指出这也是"圆其文，故具言耳"，增加了音节以达成圆文。

协句在《正义》中共出现了17次，在《毛诗正义》出现了15次，在《礼记正义》和《尚书正义》中各出现1次。如：

（5）齐侯之子，卫侯之妻。东宫之妹，邢侯之姨，谭公维私。（《诗·卫风·硕人》）
笺："陈此者，言庄姜容貌既美，<u>兄弟皆正大</u>。"
正义："经无弟而言弟者，<u>协句</u>也。"

例（5）中，郑笺中作"兄弟皆正大"，而《诗经》原句是"东宫之妹"，也即庄姜有兄长，并未提到她的弟弟。①《正义》特意指出郑笺中加上"弟"是为了协句，偏义复词"兄弟"中的"弟"是没有实际意义的。② 多了一个"弟"并没有影响句法结构，略微改变了语义，增加了音节，达到了协句的效果。与圆文一样，这也不是句法现象或语义现象，而是与音节数量有关的韵律现象。

足句在《正义》中共出现了15次，在《毛诗正义》中出现了12次，在《尚书正义》中出现了2次，在《春秋左传正义》中出现了1次，如：

（6）《小雅·何草不黄序》："视民如<u>禽兽</u>。"
正义："经言虎兕及狐，止有'兽'耳，言'禽'以<u>足句</u>，且散则兽亦名禽也。"
匪兕匪虎，率彼旷野。哀我征夫，朝夕不暇。
有芃者狐，率彼幽草。有栈之车，行彼周道。（《诗·小雅·何草不黄》）

---

① 评审专家指出，既然郑玄用"皆"，那么对于郑玄而言，"兄""弟"都是有实际意义的；春秋时代"弟"既可以是男性，也可以是女性，郑玄用"兄弟"也可能是将齐国太子（兄）、庄姜（女弟）都"正大"。感谢评审专家的意见，但是我们认为，本句与前一句共享一个话题"庄姜"，即"（庄姜）兄弟皆正大"，那么"弟"就不可能也指"庄姜"。
② 评审专家指出，《正义》对"兄弟"这类偏义复词式的语言单位是从韵律角度进行阐释的。这是《正义》中非常重要的韵律观念，感谢评审专家的提示。不仅如此，《正义》对某些同义联合语言单位的组成也是从韵律角度进行阐释的。薛安琴（1991）提出，同义连文和圆文是产生复合词的重要途径。Feng（1998）在论述汉语双音词的产生时也已经指出，《正义》注意到了笺注中使用并列式是为了足句、协句，如下文例（6）中的"禽兽"与例（20）中的"羔羊"。

Feng（1998）也将此例作为韵律现象。例（6）中，《诗经》原诗中将征夫与兕、虎、狐比较，只提到奔走之兽，没有提到飞翔之禽，但诗序却言"禽兽"。《正义》指出，加上"禽"是为了足句。与例（5）相类，多了一个"禽"达到了足句的效果，这也属于韵律现象。

需要说明的是，《正义》中所谓的"句"和当代语法学的"句"是不同的。《毛诗正义》中对"句"的定义是："句必联字而言，句者局也，联字分疆，所以局言者也。"也就是说，"句"的内涵是有边界。从诗体角度出发，《正义》对"句"的字数进行了限制："句者，联字以为言，则一字不制也。以诗者申志，一字则言蹇而不会，故诗之见句，少不减二，即'祈父''肇禋'之类也……句字之数，四言为多，唯以二三七八者，将由言以申情，唯变所适，播之乐器，俱得成文故也。"可以看出，《正义》主要从长度上来定"句"。而当代语法学则从句调、意义的角度来定义句，以朱德熙（1982：21）为例，他对"句"的定义是"句子是前后都有停顿并且带着一定的句调表示相对完整的意义的语言形式"。以当前的语法观念来看协句、足句的用例，《正义》所说的"句"可以是一个短语，如"视民如禽兽"，也可以是句子，如"兄弟皆正大"。

圆文、协句、足句确实是有关韵律的现象和说解。下面，我们先分为"文"和"诗"两类，对这些用例进行分析和阐释，再加以总结。

3. 韵律解释

3.1 满足"文"的韵律要求

《正义》中指出，行文中对音节的增减有时不是为了满足句法、语义的要求，而是为了达到圆文、协句、足句，体现为齐整组句、补足音步、满足各个层面重音的要求等。

3.1.1 齐整组句

冯胜利（2012）提出，不同的节律用于不同的语体，齐整律用于正式体，悬差律用于口语体，此为"形式—功能对应律"。正式体的文章要求出现整齐的组句，《正义》中的圆文正体现出这一点。如前所述，有两个圆文的例子出自《左传》中的同一篇，这里将《左传》原文节选引用如下：

(7) 夏四月戊午，晋侯使吕相绝秦，曰："昔逮我献公及穆公相好，戮力同心，申之以盟誓，重之以昏姻。天祸晋国，文公如齐，惠公如秦……无禄，文公即世，穆为不吊，蔑死我君，寡我襄公，迭我殽地，奸绝我好，伐我保城。**殄灭我费滑**，散离我兄弟，挠乱我同盟，倾覆我国家。我襄公未忘君之旧勋，而惧社稷之陨，是以有殽之师……及君之嗣也，我君景公，引领西望曰：'庶抚我乎！'君亦不惠称盟，利吾有狄难，入我河县，焚我箕郜，芟夷我农功，**虔刘我边陲**，我是以有辅氏之聚……君若不施大惠，寡人不佞，其不能诸侯退矣，敢尽布之执事，俾执事实图利之。"（《左传·成公十三年》）

这一段的历史背景是，秦桓公本与晋厉公结成令狐之盟，却又诱使白狄、楚国进攻晋国，晋厉公遂派出吕相前去与秦国断交。吕相回顾了两国的外交历史，说明秦晋之间过去虽有友好关系，但秦国多次反复无常，图谋晋国，因此晋国欲与秦国断绝往来，责罚秦国。绝交后晋国率诸侯之师，在麻隧与秦国作战，打败了秦国。《左传》记述的吕相所说内容就是一篇完整、经典的外交辞令，被《文心雕龙》列为檄文代表，历史上多次被选入诗文总集。明代孙鑛对此篇的评语是："通篇俱是造作出，语言最为工炼，叙事婉曲有条理，其字法细，其句法古，其章法整，其篇法密，诵之数十过不厌，在辞令中又别是一种格调"。[①] 以语体的基本要素观之，吕相绝秦的交际场合为外交场合，交际对象为外国君臣，交际内容为国家大事，交际态度为严肃，应属于正式语体。此篇大量使用结构相似、音节相同的对句和排比句，遵循齐整律，正是"章法整，篇法密"。下面将节选部分对句和排比句罗列如下：

(8) 申之以盟誓，重之以昏姻

　　文公如齐，惠公如秦

　　蔑死我君，寡我襄公，迭我殽地，奸绝我好，伐我保城

　　殄灭我费滑，散离我兄弟，挠乱我同盟，倾覆我国家

　　未忘君之旧勋，而惧社稷之陨

　　入我河县，焚我箕郜

　　芟夷我农功，**虔刘我边陲**

根据《正义》的解释，"殄灭我费滑"中"滑"是国家，"费"是都城，"滑"和"费"之间在语义上不是并列关系，但在线性序列上并列起来，是为了圆文。

---

① 转引自张盼盼（2014）。

加上"费"之后,"殄灭我费滑"与下文的"散离我兄弟""扰乱我同盟""倾覆我国家"形成了韵律结构和音节数都相同的组句。① 而在"虔刘我边陲"中"虔"和"刘"同义反复,与"我边陲"连在一起,形成一个五言句,与上一句"芟夷我农功"形成结构和音节数都相同的组句。② "费滑"例是添加宾语的音节,"虔刘"例是添加动词的音节,两处凑足音节的位置不同,但都是为了使句子圆足齐整,满足正式语体的韵律要求。

第三例"圆其文"也是对外交辞令语句的解释。我们把第三例"圆其文"的原文也节选如下:

(9)**分康叔以大路、少帛、綪茷、旃旌、大吕**,殷民七族,陶氏、施氏、繁氏、锜氏、樊氏、饥氏、终葵氏。封畛土略,自武父以南,及圃田之北竟,取于有阎之土,以共王职。取于相土之东都,以会王之东蒐。聃季授土,陶叔授民,命以《康诰》,而封于殷虚。皆启以商政,疆以周索。(《左传·定公四年》)

这里记述的卫国祝佗与刘国苌弘的对话也是一篇经典的外交辞令,属于正式语体,同样要满足齐整律。"綪茷"即"大赤"(红旗),"旃"即"大赤"("然则大赤即是旃"),两者的语义是重复的。"旗皆有旌","旌"在语义上也是重复的。"旃"和"旌"都是语义上的冗余成分,那为什么会出现呢?根据《正义》的解释,"旃旌"的出现是"圆其文"。试揣之:首先,"旃旌"是一个双音节音步,与前后的双音节音步平齐;其次,"旃旌"与"大吕"又组合成了四音节组合,与前面的四音节组合"少帛、綪茷"平齐。我们可以看到,在这篇辞令中也出现了许多齐整的组句,仅将这一小段中的组句选列如下:

(10)自武父以南,及圃田之北竟

　　取于有阎之土,以共王职。取于相土之东都,以会王之东蒐

　　聃季授土,陶叔授民

　　命以《康诰》,而封于殷虚

　　皆启以商政,疆以周索

综上所述,我们可以看到,《正义》中使用圆文是指添加音节、使句子圆足

---

① 薛安琴(1991)提出,这里如果写成"殄灭我滑"句子就会显得没有气势。Feng(2003)认为,VV复合词"殄灭"的出现是为了更好地凸显其后的焦点。冯胜利师又提示,"迭我殽地"和"殄灭我费滑"同为两拍,读法略有不同,"迭我殽地"当读为"迭我/殽地","我"是占位词;而"殄灭我费滑"当读为"殄灭/我/费滑","我"是间拍词。
② 冯胜利(2017)指出,"虔刘"的出现是为了平衡焦点,突出"杀我国民"的意思。

齐整,以满足正式语体的齐整律要求。

3.1.2 补足音步

文章的韵律要求也体现在音步层面。如:

(11) 丘中有麻,彼留子嗟。(《诗·王风·丘中有麻》)

   传:"丘中墝埆之处,尽有麻麦草木,乃彼子嗟之所治。"

   正义:"传探下章而解之,故言麻麦草木也。木即下章李也。兼言'草'以足句,乃彼子嗟之所治。"

此例中的"足句"是对《毛传》的解释。原诗分三章,分别涉及"麻、麦、李",但未言及"草"。《毛传》中说"尽有麻麦草木"。诗中无"草"而传中有"草",这显然不是为了训解诗义,《正义》认为这是"兼言'草'以足句"。为什么是"足句"? 这里没有详说。细揣之,如果《毛传》只说"尽有麻麦木","麻麦"组成一个双音节音步,"木"不能独立成音步,如(12)所示:

(12)

而加一"草",则"麻、麦、草、木"成为两个双音节音步①,如(13)所示:

(13)

也就是说,《正义》认为《毛传》中有加字以足句(足音步)的情况。

3.1.3 凸显重音

文章的韵律要求还明显地体现在凸显重音方面。Feng(2017)提出韵律层级和句法层级具有对应关系,核心重音对应动词短语(vP 或 v'),焦点重音对应时态短语(TP 及 vP、VP)中的焦点成分,句调重音对应标句短语(CP)中的 C。这三个层级,《正义》中也都涉及了。动词短语层级的核心重音如:

(14)《诗·大雅·行苇序》:"《行苇》,忠厚也。周家忠厚,仁及草木,故能内睦九族,外尊事黄耇,养老乞言,以成其福禄焉。"

---

① 评审专家认为,如果让"麻、麦、木"分别后接一个延音或停顿,也能分别组成 3 个双音节音步。评审专家所说的这种可能性是存在的,但只能在口语中实现,在书面语中恐怕还是要依靠填充实足音节来实现。

正义："首章言苇，唯有草耳，举草则木可知，故序言以足句耳。"

敦彼行苇，牛羊勿践履。方苞方体，维叶泥泥。（《诗·大雅·行苇》）

原诗中提及"苇"，只是"草"，没有"木"，但诗序却言"草木"。"及草木"形成了［单音节动词+双音节宾语］的组合。如果仅按照原诗，则应为"及草"，是［单音节动词+单音节宾语］的组合。《正义》指出诗序和原诗产生差异，也是为了足句。"草木"是"及"的宾语，承担核心重音。单言"木"，则尚有不足，加之"草"，则成为双音节组合，长于动词"及"，更足以承担核心重音。也就是说，在重音位置上，双音节组合以及双音节韵律词更易出现。①

又如用协句来指满足动词短语层级的核心重音要求：

（15）薄污我私，薄浣我衣。（《诗·周南·葛覃》）

传："妇人有副袆盛饰，以朝事**舅姑**，接见于宗庙，进见于君子。"

正义："王后则宾客无与舅姑敌者，朝事舅姑得申上服也。王后而得有舅者，因姑以**协句**。"

《毛传》中说"朝事舅姑"，《正义》指出"姑"是为了协句才出现的。与足句中的"仁及草木"相类，"舅姑"是"事"的宾语，承担核心重音，更需要是双音节组合，所以用"舅姑"。

焦点重音也需要得到凸显，这一点《正义》中也有提及，如：

（16）罪人以族，官人以世。（《尚书·泰誓上》）

传："官人不以贤才，而以**父兄**，所以政乱。"

正义："'官人以世'，惟当用其子耳，而传兼言'兄'者，以纣为恶，或当因兄用弟，故以兄**协句**耳。"

《尚书》原文中是"官人以世"，意为"按照他的家世给他官职"，是以与父辈有关，而本与同辈兄长无关，但《孔传》中却用"父兄"。《正义》认为，加上"兄"也是为了协句。"贤才"和"父兄"形成了一组对比焦点，承担焦点重音，

---

① 评审专家指出，春秋战国时代也有［单音节动词+单音节宾语］的例子，例如"吾从众"（《论语·子罕》），这类例子中的宾语并没有拓展为双音节。上古汉语采用深重原则，要求重音承担者不轻于重音指派者，排斥的是［双音节动词+单音节宾语］的现象，但并不要求重音承担者一定重于重音指派者，不排斥［单音节动词+单音节宾语］的现象。按照原诗形成的"及草"和诗序中拓展的"及草木"都可以存在。只是在《正义》看来，诗序用"及草木"（［单音节动词+双音节宾语］）能更好地满足韵律要求，所以诗序才要加上原诗中没有的"木"，并不是说"及木"就不可以存在。这是《正义》试图从韵律角度解释经传之间的差异，也体现出了当时注家的韵律观念。

"以"的后面需要双音节组合,只用"父"是不足的,所以才加上了"兄"。"兄"的添加,是为了满足重音的要求,但可能会使人对文义产生误解,《正义》在这里也给予了特别的说明。

标句短语(句子)层级对应的重音为句调重音。如前所述,按照朱德熙(1982:21)的定义,"句调"是成句的充要条件。句调也可实现为句末语气词。《正义》也有相关的解释,如:

(17)如有一介臣,断断<u>猗</u>,无他伎,其心休休焉,其如有容。(《尚书·秦誓》)

正义:"'猗'者,<u>足句之辞</u>,不为义也。《礼记·太学》引此作'断断兮','猗'是'兮'之类。《诗》云'河水清且涟猗'是也。"

这里的"足句"相当于现代语言学中所说的"完句"。《尚书》中"断断"后面出现了"猗",《礼记·太学》引作"兮",《正义》认为这正证明"猗"是与"兮"相类的足句虚词。"猗"没有具体语义,其足句功能是使"断断"具有独立的句调、成为一个完整的句子,满足了句调层面的韵律要求。

3.2 满足"诗"的韵律要求

诗歌与文章有不同的韵律要求。从术语协句、足句来看,《正义》主要阐释了《诗经》中诗句的节律要求。冯胜利(2010)提出,诗歌形式的本质即节律上的齐整律。冯胜利(2011)又指出,《诗经》的基本节奏由四音二拍所组成,节律结构是二步律,即一个诗行由两个音节音步组成,一个诗联(旋律单位)由两个诗行组成,如(18)所示:

(18)

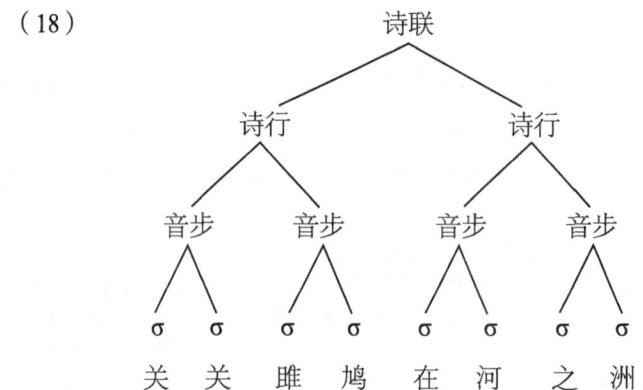

从圆文、协句、足句等术语看《五经正义》中的韵律观念　　145

如果诗行本身音节不足，则需要添加音节。①在《毛诗正义》中，协句、足句也可以指满足诗歌节律的要求，如：

（19）倬彼甫田，岁取**十千**。（《诗·小雅·甫田》）

正义："孙毓曰：'凡诗赋之作，皆总举众义，从多大之辞，非如记事立制，必详度量之数。"甫田"犹下篇言"大田"耳。言岁取十千，亦犹《颂》云"万亿及秭"，举大数，且以<u>协句</u>。言所在有大田，皆有十千之收。推而广之，以见天下皆丰。'此皆申述毛说也。"

这里《正义》引用了魏晋时期孙毓的解释，也可见用协句表示满足韵律要求的并非孔颖达一人，协句这样的术语有其源流。"十千"在这里是个概数，并非确实的数字，也是用来满足诗句音节数的要求，如果单用"十""千"或其他单音节数字，则不足以凑成四音节诗句。

凑足音节也可以靠连用同中有异的单音节词来实现，如：

（20）<u>羔羊</u>之皮，素丝五紽。（《诗·召南·羔羊》）

传："小曰羔，大曰羊。"

正义："小羔大羊，对文为异。此说大夫之裘，宜直言羔而已，兼言羊者，以羔亦是羊，故连言以<u>协句</u>。"

《毛传》已经指出，"羔"和"羊"是不同的。卿大夫之裘应该用羔皮制作，诗句中应该只作"羔之皮"，但原诗却作"羔羊之皮"。《正义》认为是"连言以协句"，也就是连用了同中有异的"羊"是为了凑足音节，这种手段也被《正义》称为兼言或连言。

足句表示满足诗歌的韵律要求既有增加音节的，也有减省音节的。增加音节可以通过重叠来实现，如：

（21）卬盛于豆，于豆于登。（《诗·大雅·生民》）

正义："再言'于豆'者，叠之以<u>足句</u>耳。"

原诗中第一句结尾已经出现了"于豆"，第二句紧接着重复了第一句中的"于豆"，《正义》称之为"叠之以足句"，也就是说"于豆"重复是为了补足诗句

---

① 虽然《诗经》中也有非四言的诗行，甚至有整首诗均非四言的，但基本节奏为四音二拍，即便音节数不是四言，也可能被读为二拍（详见冯胜利，2011）。而有些诗歌则较为规整，诗句全为四言或以四言为主，下面所举的例子都是《毛诗正义》中指出需要足句（满足四言要求）的。

音节。这一重复前文音节的手段也被称为"重言",如:

(22) 维此王季,帝度其心。貊其德音,其德克明。**克明**克类,克长克君。(《诗·大雅·皇矣》)

正义:"重言克明者,叠之以**足句**,犹下'我陵''我泉'耳。"

与例(21)相似,例(22)中也在上句的结尾和下句的开头连着出现了相同的词语,即"克明",《正义》认为,这是"重言",以补足音节、满足诗歌的韵律要求。

增加音节还可以通过一句内间错使用同义词来实现,如:

(23) 乃慰乃止,乃左乃右。乃**疆**乃**理**,乃**宣**乃**亩**。自西徂东,周爰执事。(《诗·大雅·绵》)

笺:"时耕曰宣。徂,往也。民心定,乃安隐其居,乃左右而处之,乃疆理其经界,乃时耕其田亩,于是从西方而往东之人,皆于周执事,竞出力也。豳与周原不能为西东,据至时从水浒言也。"

正义:"疆、理是一,宣、亩亦同,但作者以乃间之而**足句**耳,故笺通解之,云'乃疆理其经界,乃时耕其田亩'也。"

"疆""理"都表示划定边界,"宣""亩"都表示耕地,为了满足诗句的韵律要求,在本诗中间错用之("间之而足句"),《郑笺》把它们放在一起来贯通诠释。

有时为了避免诗句超过四音节,还会减省音节,如:

(24) 上慎**旃**哉,犹来!无止!(《诗·魏风·陟岵》)

传:"旃,之。"

正义:"此'旃'与《采苓》'舍旃''旃'皆为**足句**,故训为'之'"。

王念孙《广雅疏证》:"旃者,之、焉之合声,故'旃'训为'之',又训为'焉'。""旃"是一个兼词,等于"之+焉"。在语音上,"旃"是"之焉"的合音词,"之"的声母是章母,"焉"的韵部是元部,"旃"是章母元部;在语义上,"旃"的语义也是两者相加的结果,"旃"可以被训解为"之",如例(24)中《毛传》将"旃"训解为"之",也可以被训解为"焉",如郑玄就将《采苓》"舍旃"之"旃"训解为"焉"。[①]根据《正义》的解释,这里用"旃",是为了足句,造

[①] 我们认为,这两例中"旃"的意义还是"之焉",只是被训解成了"之"或"焉"。但是在有些情况下,"旃"只有"之"的意思,如:

初,虞叔有玉,虞公求**旃**,弗献。(《左传·桓公十年》)

杜预注:旃,之也。

这里"旃"就只是回指前文的"玉",相当于"之",并不包含"焉"的意思。

就"上慎旃哉"这一诗句。如果直接用"之焉",形成"上慎之焉哉",则会超过四个音节,不符合诗歌的节律要求。

3.3 满足标题的韵律要求

除了文章和诗歌的韵律要求,《正义》中还指出标题也有韵律的要求,如:

(25)仲虺之诰。(《尚书·仲虺之诰》)

正义:"《康诰》《召诰》之类,二字足以为文,'仲虺诰'三字不得成文,以'之'字足成其句。《毕命》《冏命》不言'之',《微子之命》《文侯之命》言'之',与此同。犹《周礼·司服》言'大裘而冕',亦足句也。"

《正义》在这里其实提出了一组最小对比对。"康诰、召诰、毕命、冏命、仲虺诰、微子命、文侯命"都是[人名+文体],但是双音节的"康诰、召诰、毕命、冏命"就"足以为文",而三音节的"仲虺诰、微子命、文侯命"则"不得成文",必须在"人名"和"诰、命"中间加上一个虚词"之",才能"足成其句"。此处的"成文""成句"结合语境来看,是"成篇名"。即:

$\sigma_{NAME}+\sigma_{STYLE} \rightarrow [\sigma\sigma]_{TITLE}$

$\sigma\sigma_{NAME}+\sigma_{STYLE} \rightarrow *[\sigma\sigma\sigma]_{TITLE}$

$\sigma\sigma_{NAME}+ 之 +\sigma_{STYLE} \rightarrow [\sigma\sigma 之 \sigma]_{TITLE}$

《正义》指出了《尚书》在篇章命名方面的限制,但还没有解释其中的原因。从用"足句""足文"来看,这应该也与韵律效果相关,代表了注疏家对经典韵律的理解。双音节人名和单音节文体名之间究竟为何必须加虚词"之"才能成篇名呢?"仲虺诰"为何不合法(不得成文)呢?《正义》中没有更多说明,只能暂且存疑。我们在这里先做一尝试性的解释:篇章名作为专指某一篇的专名,应具有较强的指称性。"康诰"作为一个双音节音步,可以成为一个韵律词,被分析为一个名词,是合格的篇名。但是三音节的"仲虺诰""微子命"在东汉以前还不能成为一个韵律词,[①]"诰"和"命"既有名词的用法又有动词的用法,就可能被理解为主谓短语,如:

(26)王庸作书以诰曰。(《尚书·说命上》)

夔!命汝典乐。(《尚书·舜典》)

---

① 冯胜利(2008)提出,三言复合词到东汉才开始产生。

主谓短语"仲虺诰"具有陈述性而非指称性,不能成为合格的篇名。而在"仲虺"与"诰"中间加上一个"之","仲虺之诰"是一个明确的名词性短语,具有指称性,就可以成为一个合格的篇名了。

但是,在《尚书》中还存在着《皋陶谟》和《大禹谟》,这也是双音节人名加单音节文体,为什么就能成为篇名而不需要加上虚词"之"呢?我们认为,这也许是因为"谟"在《尚书》中并没有动词的用法,"皋陶谟""大禹谟"不会被认为是主谓短语,只能是定中短语,所以可以直接成为篇名而不需要加上"之"。

综上所述,《正义》已经揭示出文章和诗歌都有一定的韵律要求,圆文、协句、足句等术语正有所体现。圆文指使句子更为"圆满",是文句的韵律要求;协句和足句既可表达文章方面的韵律要求,也可表达诗歌方面的韵律要求。因为协句和足句的用法较为多样又有类似之处,我们将《正义》中两者的用例按照用法进行了统计,详见表1。

表1 《正义》中协名和足句用例统计　　　　　单位:次

术语	总计	文句音节	核心重音	焦点重音	完句	诗句音节	标题音节
协句	17	5	9	1	0	2	0
足句	15	3	3	0	2	6	1

在《正义》中,协句共出现了17次,足句共出现了15次。两者都可以表示足文句、足核心重音和足诗句。不同之处在于,协句可以表示满足焦点重音的要求,足句则可以表示满足完句的要求。

4. 其他现象

在《正义》中也有不用圆文、协句、足句等术语但仍与韵律相关的注释。我们在这里仅列举一二,以俟将来研究。例如,有的注解中没有出现协句或足句,但所解释的现象也是补足音节以满足诗歌节律:

(27)以御宾客,且以酌醴。(《诗·齐风·东方未明》)

笺:"宾客谓诸侯也。"

正义:"知'宾客谓诸侯'者,天子之所宾客者唯诸侯也。故《周礼》'六服之内,其君为大宾,其臣为大客'是也。彼对文则君为大宾,故臣为大客;若散则

'宾'亦'客'也。故此'宾客'并言之。"

"宾"与"客"相对使用有所区别（对文），分散使用则可以等同，在例（27）中为了补足音节而并列使用。

又如，诗歌的节律还体现为押韵要求。冯胜利（2011）提出，诗歌具有音乐性，诗中也要形成旋律，而旋律的本质是重复，汉语的诗律必须通过押韵来满足诗歌的旋律。也就是说，在汉语中，以诗歌单位之间的相同韵脚来实现重复。《诗经》中的诗歌有押韵的要求。孔颖达在《左传正义》中指出："诗之为体，文皆韵句；其语助之辞，皆在韵句之下。"有时为了形成押韵，古人会变换诗句中的词语。例如：

（28）彼汾沮洳、言采其莫。彼其之子、美无度。美无度、殊异乎<u>公路</u>。

  彼汾一方、言采其桑。彼其之子、美如英。美如英、殊异乎<u>公行</u>。

  彼汾一曲、言采其藚。彼其之子、美如玉。美如玉、殊异乎公族。

（《诗·魏风·汾沮洳》）

正义："公路与公行一也。以其主君路车谓之公路，主兵车之行列者则谓之公行，正是一官也……明公路即公行，<u>变文以韵句</u>耳。"

此篇中"公路"与"公行"皆为主掌兵车之官。《正义》指出，诗中之所以采用不同的形式（"变文"）是为了押韵（"韵句"）。首章中"度"和"路"同属古音鱼部，次章中"英"和"行"同属古音阳部，分别押韵。

（29）硕鼠硕鼠，无食我<u>苗</u>。三岁贯女，莫我肯劳。逝将去女，适彼乐郊。乐郊乐郊，谁之永号。（《诗·魏风·硕鼠》）

传：苗，嘉谷也。

正义："黍麦指谷实言之，是鼠之所食。苗之茎叶，以非鼠能食之，故云'嘉谷'，谓谷实也。谷生于苗，故言苗以<u>韵句</u>。"

本章中"苗"并非鼠的食物，《毛传》直接将"苗"解释为鼠所吃的"嘉谷"，"苗"和"劳""郊""号"同属古音宵部，《正义》认为这里用"苗"是为了押韵。

5. 结论

《正义》由官方修订颁布，是南北经学的集大成之作，其内部具有一定的系统性。从韵律角度观察经典文献的行文特点，目前研究较少，直接研究恐有向壁虚构之嫌。《正义》中的注疏正提供了相关线索，帮助我们更好地了解古文古诗各个层面的韵律特点，了解当时注家的韵律观念。

在本文中，我们先借助圆文、协句、足句等过去被归入修辞层面的术语，发现《正义》中确实蕴含着孔颖达等注家对前代经典中韵律现象的归纳及阐发，体现了注家对韵律现象的观察和解释。音节的增减①有时无关乎句法、语义，而是出于韵律的要求。《正义》对韵律现象的观察既针对原文、原诗，也针对笺注，将经典与相关注疏一视同仁。而且，其中个别用例直接承自前人，可见并非一时一人之观念，而可能是普遍的认识。②

目前的韵律语法理论已划分出动词短语层级、时态短语层级及标句短语层级，《正义》对这三个层级的韵律现象均有涉及。可见《正义》对韵律关注的范围之广、内涵之深。

不过，从目前的例子来看，《正义》对韵律现象还停留在观察和初步概括的阶段，缺少进一步的阐释，有一定的韵律观念，但还没有上升到规律与法则。有些并不是严格的"合法"与"不合法"的对立。比起今天的研究，当时注家所使用的术语也没有严格的定义和区分，足句和协句就颇有重合。韵律层级结构是韵律研究的前沿问题，《正义》中的足句既用来说明动词短语层级的核心重音、时态短语层级的焦点重音，也用来说明标句短语层级的句调重音，可见只是意识到相关现象，并没有分析出韵律层级。③

经典及相关注疏中都蕴藏着丰富的韵律现象。今后我们还将更为细致地爬梳《正义》，进一步探索其中的韵律观念，从传统学术内部出发推动历时韵律语法规律的研究。

---

① 古人可以运用多种手段增减音节，这又涉及连言、兼言、重言等术语，上文略有涉及，但这些术语并不只与韵律有关。
② 刘师培（1999：133）也指出："古人属词虽以达词为主，然句法贵齐。若所宣之蕴已罄而词气未休，则叠累其意。以复词足其语……以上所举均以句法修短，既垂定则，及词浮于意，其意不足以尽词，即以同义之字并举。齐列实词而外，又有重叠语词之例。"并举出了不少古代经典作品中同义并列、重叠音节以"足句"的例子。可见古人确是有意识地要满足韵律要求的。
③ 蒙评审专家指出，古人其实并没有韵律层级结构的认识，非常感谢。

参考文献

冯卉. 2011. 毛亨、郑玄、孔颖达《诗经》修辞训解比较. 励耘学刊（语言卷），（2）：154-167.

冯胜利. 2008. 论三音节音步的历史来源与秦汉诗歌的同步发展. 语言学论丛（第三十七辑）. 北京：商务印书馆.

冯胜利. 2010. 论韵律文体学的基本原理. 当代修辞学，（1）：25-36.

冯胜利. 2011. 汉语诗歌构造与演变的韵律机制／赵敏俐. 中国诗歌研究（第八辑）. 北京：中华书局.

冯胜利. 2012. 语体语法："形式—功能对应律"的语言探索. 当代修辞学，（6）：3-12.

冯胜利. 2017. 训诂学讲义. 手稿.

孔颖达, 等. 2007. 十三经注疏. 台北：艺文印书馆.

刘师培. 1999. 古用复词考 // 汪宇. 刘师培学术文化随笔. 北京：中国青年出版社.

石云孙. 1985. 孔颖达修辞理论探. 安庆师范学院学报，（2）：44-54+97.

薛安琴. 1991. 古人行文的特点. 辽宁师范大学学报（社科版），（3）：58-61.

杨树达. 2014. 积微居小学金石论丛. 上海：上海古籍出版社.

张盼盼. 2014. 孙鑛《左传》评点研究. 河南大学硕士学位论文.

赵振铎. 2000. 中国语言学史. 石家庄：河北教育出版社.

朱德熙. 1982. 语法讲义. 北京：商务印书馆.

Feng, Shengli. 1998. Prosodic structure and compound words in Classical Chinese. In Jerome L. Packard (ed.) *New Approaches to Chinese Word Formation: Morphology, Phonology and the Lexicon in Modern and Ancient Chinese*. Berlin & New York: Mouton de Gruyter. 197-260.

Feng, Shengli. 2003. Prosodically motivated VR and Adv-V Structures in Classical Chinese. In Xu Jie (ed.) *Chinese Syntax and Semantics*. Singapore: Prentice Hall Press. 225-256.

Feng, Shengli. 2017. A cartographical account of prosodic syntax in Chinese. In Si Fuzhen (ed.) *Studies in Cartographic Syntax*. Beijing: China Social Science Press. 105-133.

附录：《五经正义》中所见 圆文、协句、足句例

一、圆文（3条）

1.芟我穑地，奸绝我好，伐我保城，殄灭我<u>费滑</u>，散离我兄弟，挠乱我同盟，倾覆我国家。（《左传·成公十三年》）

　　正义："秦惟灭滑，不灭费，知费即滑也，国都于费，国邑并举以<u>圆文</u>耳。"

2.入我河县，焚我箕郜，芟夷我农功，<u>虔刘</u>我边陲。（《左传·成公十三年》）

　　杜预注：虔、刘皆杀也。

　　正义："'刘，杀'，《释诂》文。《方言》云：'虔，杀也。'重言杀者，亦<u>圆文</u>耳。"

3. 分康叔以大路、少帛、绮茷、旃旌、大吕。（《左传·定公四年》）

正义："《周礼·司常》云：'通帛为旜，杂帛为物。'郑玄云：'通帛谓大赤，从周正色，无饰。杂帛者，以帛素饰其侧，白，殷之正色。'大赤是通帛，知少帛是杂帛也。《释草》云：'茹藘，茅蒐。'郭璞曰：'今之蒨也，可以染绛。'则绮是染赤之草。茷即旆也，《尔雅》：'继旐曰旆。'旐是旗身，旆是旗尾。尾犹用赤，则通身皆赤。知绮茷是大赤，大赤即今之红旗，取染赤之草为名也。盖王以通帛、杂帛并赐卫也。然则大赤即是旃也，于绮茷之下更言旃者，茷言旗尾，旃言旗身，**圆其文**，故具言耳。若其不然，旌是干之所建，旗皆有旌，少帛、旃旆之后，何须更复言旌？**明是圆其文**，故重言之。"

二、协句（17条）

1. 薄污我私，薄浣我衣。（《诗·周南·葛覃》）

传："妇人有副袆盛饰，以朝事**舅姑**，接见于宗庙，进见于君子。"

正义："王后则宾客无与舅姑敌者，朝事舅姑得申上服也。王后而得有舅者，因姑以**协句**。"

2. 宜尔子孙，振振兮。（《诗·周南·螽斯》）

笺："后妃之德宽容不嫉妒，则宜女之**子孙**，使其无不仁厚。"

正义："此止说后妃不妒，众妾得生子众多，而言孙者，**协句**。"

3. 《诗·召南·采苹序》："《采苹》，大夫妻能循法度也。能循法度，则可以承先祖，共祭祀矣。"

笺："观于祭祀，纳**酒浆**笾豆菹醢，礼相助奠。"

正义："菹醢以荐，酒浆以献，纳者进名，故知荐献之时也。献无浆而言之者，所以**协句**也。"

4. **羔羊**之皮，素丝五紽。（《诗·召南·羔羊》）

传："小曰羔，大曰羊。"

正义："小羔大羊，对文为异。此说大夫之裘，宜直言羔而已，兼言羊者，以羔亦是羊，故连言以**协句**。"

5. 我躬不阅，遑恤我后。（《诗·邶风·谷风》）

笺："我身尚不能自容，何暇忧我后所生**子孙**也。"

正义："以此妇人去夫，故知忧所生之子孙也。时未必有孙，言之**协句**耳。"

6. 宴尔新昏，以我御穷。(《诗·邶风·谷风》)

笺："君子亦但以我御穷苦之时，至于**富贵**，则弃我如旨蓄。"

正义："又言已为之生有财业，故云'至于富贵'也。已言为致富耳，言贵者，**协句**也。"

7.《诗·鄘风·桑中序》："《桑中》，刺奔也。卫之公室淫乱，男女相奔，至于世族在位，相窃**妻妾**，期于幽远，政散民流而不可止。"

正义："经言孟姜之等为世族之妻，而兼言妾者，以妻尚窃之，况于妾乎？故连言以**协句**耳。"

8.《诗·鄘风·定之方中序》："卫为狄所灭，东徙渡河，野处漕邑。齐桓公攘**戎狄**而封之。"

正义："灭卫者，狄也。兼言戎者，戎狄同类，**协句**而言之。"

9. 齐侯之子，卫侯之妻。东宫之妹，邢侯之姨，谭公维私。(《诗·卫风·硕人》)

笺："陈此者，言庄姜容貌既美，**兄弟**皆正大。"

正义："经无弟而言弟者，**协句**也。"

10.《诗·齐风·载驱序》："《载驱》，齐人刺襄公也。无礼义故，盛其**车服**，疾驱於通道大都，与文姜淫播其恶于万民焉。"

正义："经有车马之饰而已，无盛服之事。既美其车，明亦美其服，故**协句**言之。"

11.《诗·魏风·陟岵序》："《陟岵》，孝子行役，思念父母也。国迫而数侵削，役乎大国，父母**兄弟**离散，而作是诗也。"

正义："经无弟，而序言之者，经以父母与兄，已所尊敬，故思其戒。其实弟亦离散，故序言之以**协句**。"

12.《诗·曹风序》："夹于**鲁卫**之间，又寡于患难，末时富而无教，乃更骄侈。"

正义："作诗之时，邻国非独鲁、卫而已。举鲁卫以**协句**，略馀国而不言也。"

13. 我龟既厌，不我告犹。(《诗·小雅·小旻》)

笺："犹，图也。**卜筮**数而渎龟，龟灵厌之，不复告其所图之吉凶。言虽得兆，占繇不中。"

正义："礼，龟曰卜，蓍曰筮。而此龟并言筮者，以卜筮相将之物，故并言以**协句**。"

14. 倬彼甫田，岁取十千。(《诗·小雅·甫田》)

正义："孙毓曰：'凡诗赋之作，皆总举众义，从多大之辞，非如记事立制，必详度量之数。"甫田"犹下篇言"大田"耳。言岁取十千，亦犹《颂》云"万亿及秭"，举大数，且以协句。言所在有大田，皆有十千之收。推而广之，以见天下皆丰。'此皆申述毛说也。"

15. 上帝是依，无灾无害。(《诗·鲁颂·閟宫》)

传："上帝是依，依其子孙也。"

正义："兼言孙者，以后稷后世克昌，皆是天所依祜，并孙言之，以协句也。"

16. 罪人以族，官人以世。(《尚书·泰誓上》)

传："官人不以贤才，而以父兄，所以政乱。"

正义："'官人以世'，惟当用其子耳，而传兼言'兄'者，以纣为恶，或当因兄用弟，故以兄协句耳。"

17. 陈其牺牲，备其鼎俎，列其琴瑟管磬钟鼓，修其祝嘏，以降上神与其先祖。(《礼记·礼运第九》)

正义："'以降上神与其先祖'者，上神，谓在上精魂之神，即先祖也。指其精气，谓之上神；指其亡亲，谓之先祖，协句而言之，分而为二耳。"

三、足句（15条）

1. 丘中有麻，彼留子嗟。(《诗·王风·丘中有麻》)

传："丘中墝埆之处，尽有麻麦草木，乃彼子嗟之所治。"

正义："传探下章而解之，故言麻麦草木也。木即下章李也。兼言'草'以足句，乃彼子嗟之所治。"

2. 上慎旃哉，犹来！无止！(《诗·魏风·陟岵》)

传："旃，之。"

正义："此'旃'与《采苓》'舍旃''旃'皆为足句，故训为'之'"。

3. 《诗·小雅·何草不黄序》："视民如禽兽。"

正义："经言虎兕及狐，止有'兽'耳，言'禽'以足句，且散则兽亦名禽也。"

匪兕匪虎，率彼旷野。哀我征夫，朝夕不暇。

有芃者狐，率彼幽草。有栈之车，行彼周道。(《诗·小雅·何草不黄》)

4. 乃慰乃止，乃左乃右。乃<u>疆</u>乃<u>理</u>，乃<u>宣</u>乃<u>亩</u>。自西徂东，周爰执事。（《诗·大雅·绵》）

笺："时耕曰宣。徂，往也。民心定，乃安隐其居，乃左右而处之，乃疆理其经界，乃时耕其田亩，于是从西方而往东之人，皆于周执事，竞出力也。豳与周原不能为西东，据至时从水浒言也。"

正义："疆、理是一，宣、亩亦同，但作者以乃间之而<u>足句</u>耳，故笺通解之，云'乃疆理其经界，乃时耕其田亩'也。"

5. 维此王季，帝度其心。貊其德音，其德克明。<u>克明</u>克类，克长克君。（《诗·大雅·皇矣》）

正义："重言克明者，叠之以<u>足句</u>，犹下'我陵''我泉'耳。"

6. 卬<u>盛于豆</u>，<u>于豆</u>于登。（《诗·大雅·生民》）

正义："再言'于豆'者，叠之以<u>足句</u>耳。"

7. 《诗·大雅·行苇序》："《行苇》，忠厚也。周家忠厚，仁及<u>草木</u>，故能内睦九族，外尊事黄耉，养老乞言，以成其福禄焉。"

正义："首章言苇，唯有草耳，举草则木可知，故序言以<u>足句</u>耳。"

敦彼行苇，牛羊勿践履。方苞方体，维叶泥泥。（《诗·大雅·行苇》）

8. 《诗·大雅·凫鹥序》："《凫鹥》，守成也。大平之君子，能持盈守成，神祇<u>祖考</u>安乐之也。"

正义："郑于神祇祖考，经皆有之。三章祭天地，是神祇也。卒章七祀，亦神之别也。二章四方百物，四章社稷山川，于《周礼》皆地祇也。首章宗庙也，不言'鬼'而言'祖考'，复其文以<u>足句</u>。"

9. 《诗·大雅·卷阿序》："《卷阿》，召康公戒成王也。言求贤用<u>吉士</u>也。"

正义："《说文》云：'贤，坚也。'以其人能坚正，然后可以为人臣，故字从臣。吉者，善也。吉士亦是贤人，但序者别其文以<u>足句</u>，亦因经有'吉士'之文故也。经十章，皆言求贤用吉士之事。"

10. 君子之车，既<u>庶</u>且<u>多</u>。君子之马，既闲且驰。（《诗·大雅·卷阿》）

正义："庶、多一也，丁宁以<u>足句</u>耳。"

11. <u>曾是强御</u>，<u>曾是掊克</u>，<u>曾是在位</u>，<u>曾是在服</u>。（《诗·大雅·荡》）

正义："又经之设文，须有<u>足句</u>，四言'曾是'，其义为一，故笺并言之。汝曾任用是恶人，使之处位执职事也。言曾者，谓何曾如此，今人之语犹然。"

12.《诗·周颂·噫嘻序》:"春夏祈谷于上帝也。"

笺:"祈,犹祷也,求也。《月令》'孟春祈谷于上帝,夏则龙见而雩'**是与**?"

正义:"言'是与'者,为若不审之辞,亦所以**足句**也。必知雩祭亦是祈谷者,《月令》'仲夏,大雩帝以祈谷',实是雩为祈谷之明文。"

13. 仲虺**之**诰。(《尚书·仲虺之诰》)

正义:"《**康**诰》《**召**诰》之类,二字**足以为文**,'仲虺诰'三字**不得成文**,以'之'字**足成其句**。《毕命》《冏命》不言'之',《微子之命》《文侯之命》言'之',与此同。犹《周礼·司服》言'大裘而冕',亦**足句**也。"

14. 如有一介臣,断断**猗**,无他伎,其心休休焉,其如有容。(《尚书·秦誓》)

正义:"'猗'者,**足句**之辞,不为义也。《礼记·太学》引此作'断断兮','猗'是'兮'之类。《诗》云'河水清且涟猗'是也。"

15. 郑,伯**男**也,而使从公侯之贡。(《左传·昭公十三年》)

正义:"《周语》云:'郑,伯男也,王而卑之,是不尊贵也。'王肃注此与彼皆云:'郑,伯爵,而连男言之,犹言曰公侯,**足句**辞也。'"

A Review of Prosodic Ideas in *Wujing Zhengyi* from the Terms *Yuanwen*, *Xieju* and *Zuju*

Su, Jing

The Institute of Zhang-Huang Academic Theories in the Faculty of Linguistic Science,

Beijing Language and Culture University

Abstract: *Wujing Zhengyi* is a distinguished work in annotation, concluding and developing former studies. In addition to explaining the meanings of words and syntactic structures, it also reveals the prosodic phenomena in the classics by using the terms *yuanwen* (圆文, to round off the sentence)、*xieju* (协句, to balance the sentence)、*zuju* (足句, to fulfil the sentence). These terms also reflect the prosodic ideas of ancient annotators both in the poems and the articles. *Wujing Zhengyi* is of great value to the study of diachronic prosodic grammar, and is worth further explorations.

Keywords: prosodic ideas; *Wujing Zhengyi*; *yuanwen*; *xieju*; *zuju*

苏　婧

北京语言大学语言科学院章黄学术理论研究所

sujingchi@blcu.edu.cn

© 2020 北京语言大学出版社，社图号 20103

图书在版编目（CIP）数据

韵律语法研究. 第五辑 / 冯胜利，马秋武主编. —— 北京：北京语言大学出版社，2020.6
ISBN 978-7-5619-5710-3

I. ①韵… II. ①冯… ②马… III. ①汉语－韵律（语言）－研究 IV. ① H11

中国版本图书馆 CIP 数据核字（2020）第 129854 号

韵律语法研究·第五辑
YUNLÜ YUFA YANJIU·DI-WU JI

排版制作：	北京创艺涵文化发展有限公司
责任印制：	周 燚

出版发行：	北京语言大学出版社
社　　址：	北京市海淀区学院路 15 号，100083
网　　址：	www.blcup.com
电子信箱：	service@blcup.com
电　　话：	编辑部　8610-82300207
	国内发行　8610-82303650/3591/3648
	海外发行　8610-82303365/3080/3668
	北语书店　8610-82303653
	网购咨询　8610-82303908
印　　刷：	北京中科印刷有限公司

版　　次：	2020 年 6 月第 1 版　印　次：2020 年 6 月第 1 次印刷
开　　本：	787 毫米 × 1092 毫米 1/16　印　张：10.25
字　　数：	204 千字
定　　价：	69.00 元

PRINTED IN CHINA